Trouver un Jules à Paris

paris/est/à/nous/

Trouver un Jules à Paris

GÉRALDINE LOIZEAU

PARIGRAMME

Tous nos efforts pour vous donner la meilleure information possible n'empêcheront jamais la Terre de tourner et certaines adresses de changer entre le moment où nous mettons sous presse et celui où vous tiendrez ce guide entre vos mains. N'hésitez pas à nous écrire pour nous faire part de vos remarques :
parisestanous@parigramme.fr

Collection dirigée par Sandrine Gulbenkian et Jean-Christophe Napias

Sommaire

On n'attrape pas les Jules avec du vinaigre

Certes, vous êtes entourée d'amis, accaparée par le boulot, passionnée d'art, de cinéma, de théâtre ou de chant et votre vie est déjà bien remplie. Mais la tendresse, le compagnonnage apaisant, les poussées de désir et autres plaisirs d'une vie à deux vous manquent. Alors, plutôt que de vous morfondre en récriminations ou de vous perdre en rêveries sans fin, bougez-vous ! Car vous l'ignorez peut-être, mais la capitale est truffée d'hommes célibataires de longue comme de fraîche date, qui rêvent, comme vous, de rencontrer l'âme sœur...
Mais sachez-le, l'époque où ils menaient les grandes manœuvres est bel et bien finie. Et encore plus à Paris, où les Jules stressés et pressés ont besoin de panneaux et de clairs encouragements pour se lancer. Pour mettre toutes les chances de votre côté, suivez-nous, car au coin de la rue se trouve certainement le Jules qui est fait pour vous, et rien que pour vous... Sortez, rencontrez, ouvrez l'œil partout où vous serez ! Dans votre quête, vous pourrez aussi utiliser Internet. Ça peut paraître superflu quand on vit dans une ville de 2 millions d'habitants remplie de bars, de discothèques, de salles de concerts et d'occasions multiples et variées de rencontrer quelqu'un, et pourtant ! Les sites de rencontres se sont peu à peu imposés dans le parcours du célibataire parisien, comme partout ailleurs. Rapides, simples, modernes et parfois gratuits pour les femmes, ils ont balayé sur leur passage les anciennes agences matrimoniales et autres petites annonces. Pourquoi hésiter ?

1

Boostez votre capital séduction

Psy de base

La Parisienne type est souvent considérée comme plutôt sexy, mais elle est aussi stressée, pressée, parfois hautaine et souvent ultra-exigeante. De quoi faire fuir, même les plus téméraires ! Alors si vous voulez attirer un Jules, vous n'avez pas le choix : il va falloir vous ouvrir aux autres pour agrandir le champ des possibles !

■ Détendez-vous

Bien sûr, comme tout le monde, vous avez des soucis et parfois, cela vous pèse. Mais à l'heure de séduire, mettez-vous en mode cool ! Ne froncez pas les sourcils dès que l'on vous pose une question, ne rongez pas vos ongles et cessez de penser aux dossiers que vous avez sur le feu au boulot. Soyez de bonne humeur (mais oui, c'est possible). Profitez de la vie, savourez-la. Non seulement vous y trouverez du plaisir, mais cela vous rendra comme par magie rayonnante et irrésistible : vos traits s'adouciront, votre voix sera plus assurée, votre démarche plus sensuelle. Autant d'atouts féminins qui ne laisseront certainement pas de potentiels Jules indifférents.

■ Accueillez les surprises

Vous êtes en permanence surbookée, sous pression au bureau, au régime… Lâchez prise ! Introduisez un zeste de risque dans votre vie et rompez avec vos vieilles habitudes : choisissez une robe que vous aimez, mais que vous n'osez jamais porter parce que vous la trouvez trop voyante ou trop courte ; ralentissez dans le métro, prenez le temps de regarder autour de vous et acceptez la sortie improvisée qui vous fera renoncer à votre doux projet de plateau-télé en pyjama. C'est toujours au moment où on s'y attend le moins que le bonheur frappe à la porte.

LE TOP 5 POUR RESTER SEULE

1 Porter de vieux jeans sans forme avec de gros pulls sombres à col roulé à longueur d'année.
2 Marcher à toute vitesse les yeux rivés sur vos chaussures ou sur votre téléphone.
3 Bouder le type rougissant qui ose vous adresser la parole dans l'ascenseur, au square ou au comptoir du café.
4 Sortir uniquement en bande de copines et glousser toute la soirée.
5 Investir votre travail au détriment de tout le reste, en pensant que vous êtes indispensable à la bonne marche de votre entreprise…

■ Ne rêvez plus votre vie, vivez-la !

Vous avez une idée bien claire de ce à quoi vous aspirez en amour et de ce à quoi devra ressembler le Jules de vos rêves : très beau, fin, intelligent, élégant, cultivé, attentionné, plutôt aisé, aimant les comédies romantiques et la randonnée… Vous ne l'avez pas encore rencontré ? Pas étonnant, le Jules parfait (attention : scoop !) n'existe pas. Alors, revenez sur terre sous peine de voir votre célibat s'éterniser. Révisez vos critères et valorisez les hommes qui savent vous apprécier avec tous vos défauts... et vos qualités bien sûr ! Soyez plus attentive à la chimie entre vous, à ce qui se passe quand il vous regarde et moins à son nez un petit peu trop grand. Ne faites pas aux Jules ce que vous n'aimeriez pas qu'ils vous fassent : les prendre pour une marchandise. Mettez donc un peu de tendresse dans ce monde de brutes !

■ Croyez en votre bonne étoile...

Pour être aimée, il faut d'abord s'aimer soi-même. Pour séduire, il faut commencer par relativiser ses défauts. Vous vous trouvez un peu ronde ? Vos courbes ultra-féminines les feront craquer ! Vous êtes un peu trop sensible ? Votre côté fragile flattera leur instinct protecteur. Tout en vous peut se transformer en attrait, pourvu que vous y croyiez et que vous sachiez en jouer.

■ Fuyez les apitoyées... (et dites-leur de s'occuper de leurs oignons)

Arrêtez immédiatement d'écouter les copines qui vous cassent le moral avec des phrases du genre : "T'as toujours pas trouvé un mec ? C'est bizarre quand même..." parfaitement inutiles et contre-productives. Rappelez-vous un chiffre très parlant : quinze millions de Français sont célibataires. Vous aussi, et alors ? Avec l'allongement des études, la généralisation du travail féminin et la libéralisation des mœurs, on passe toutes ou presque par la case célibat, souvent à l'âge où nos mères et nos grands-mères étaient déjà mariées, voire avec un enfant ou deux. Les temps changent et vous êtes en plein dans la modernité, c'est tout !

■ Changez de lunettes, de lentilles (ou juste de point de vue)

Vous ne rencontrez jamais personne ? La capitale fourmille pourtant de charmants célibataires, mais encore faut-il réussir à les voir et avoir le bon état d'esprit pour faire des rencontres : soyez disponible, tant physiquement que mentalement. Cessez de marcher les yeux rivés sur votre smartphone, à 200 à l'heure pour rentrer plus vite chez vous. Au contraire, débranchez votre pilote automatique et ouvrez vos mirettes. Soyez présente à chaque instant de votre vie et observez tout, même pendant ce trajet en métro que vous connaissez pourtant par cœur. N'oubliez pas qu'une rencontre intéressante peut arriver n'importe où, n'importe quand : dans un bus bondé, dans la salle d'embarquement de l'aéroport, dans une file d'attente au cinéma, à la terrasse d'un café, au supermarché...

■ Souriez… c'est presque gagné !

Êtes-vous naturellement attirée par des visages fermés ou par des personnes souriantes et avenantes ? Cela paraît simpliste, mais on oublie trop souvent que sourire fait toute la différence. Vous serez lumineuse et radieuse et en plus, c'est bon pour le moral ! Oubliez la froideur qui semble de mise. Et arrêtez la parano : si vous souriez, cela ne signifie pas que vous êtes une allumeuse prête à tout, tout de suite, mais simplement que vous êtes bien dans votre peau et donc disposée à faire des rencontres de qualité.

■ Cultivez votre sens de l'humour (sans sombrer dans le comique troupier)

Osez rire de façon franche et spontanée. C'est toujours plus agréable dans les premiers moments d'une rencontre, où le sérieux n'aide pas vraiment à briser la glace. Pour cela, relativisez vos problèmes en prenant de la distance et au besoin, avec un peu d'autodérision. Cela détendra immédiatement l'atmosphère.

■ Faites le premier pas

Contrairement aux idées reçues, les hommes sont souvent paresseux ou timides et bénissent l'audace des femmes entreprenantes. Mais attention, soyez futée, laissez toujours un petit rôle à jouer au garçon que vous aurez repéré sous peine qu'il ne se sente réduit à l'état de jouet entre vos mains expertes de femme fatale. Ce serait dommage ! Pour éviter ce genre de malaise, soyez sûre de vous et ne dramatisez pas si vos tentatives n'aboutissent pas. N'oubliez pas que la séduction est un jeu, pas un boulot.

Quelques idées folles et moins folles pour aborder un Jules (vu à la télé, au cinéma et chez celles qui sont maquées depuis un bail...)

■ Offrez-lui un verre

Vous êtes dans un bar et vous avez repéré un beau brun, pile dans votre genre. N'attendez pas passivement qu'il vous remarque. Prenez une longueur d'avance : appelez le serveur et dites-lui que vous offrez un verre au jeune homme au fond à droite. Lorsque le serveur s'approche de lui et vous désigne du doigt, gardez votre calme, regardez le beau brun dans les yeux et souriez légèrement. Il sera sûrement étonné, peut-être un peu déboussolé, mais vous aurez toutes les chances de le bluffer par votre audace. Une fois remis de ses émotions, il trouvera sûrement une façon élégante de vous remercier.

■ Mots doux à domicile

Vous avez flashé sur lui dans la cage d'escalier et vous avez l'impression que c'est peut-être réciproque, mais lorsque vous l'avez devant vous, vous ne pouvez articuler un seul mot, foudroyée par votre passion dévorante. Pas de panique, vous n'êtes pas obligée de parler, l'écrit peut vous sauver ! Repérez sa voiture (ou son vélo) et laissez un petit mot sur le pare-brise (ou dans le panier dudit vélo) avec votre numéro de téléphone et/ ou un endroit où vous retrouver. S'il n'a ni voiture, ni vélo et que vous partagez le même immeuble, laissez un petit papier sur sa porte... Effet mystérieux et excitant garanti !

■ Tentez des approches

Vous êtes chez des amis, la soirée bat son plein et vous ne savez pas comment attirer l'attention du canon assis sur le canapé à l'autre bout de la pièce. Qu'à cela ne tienne, déplacez-vous ostensiblement pour aller vous asseoir à ses côtés. S'il n'est pas complètement abruti, il aura remarqué votre manège et vous n'aurez même pas besoin d'entamer la conversation. S'il ne se passe rien, il est peut-être trop timide, alors prenez le premier prétexte venu pour lui parler et voyez s'il mord à l'hameçon. S'il reste coi, pas grave, levez-vous vite en prétextant d'aller chercher un verre. Vous avez plein de gens à voir, vous, pas le temps de vous ennuyer !

■ Soyez la reine des bons plans

Vous êtes amis ou collègues et vous vous tournez autour depuis un certain temps. Vous n'êtes pas sûre de lui plaire, car il ne vous a jamais proposé de vous retrouver en dehors des endroits où vous vous voyez régulièrement par obligation. Pourquoi attendre davantage en vous faisant des films ? Proposez-lui un concert, un ciné ou une expo. Il sera sûrement ravi de faire d'une pierre deux coups : trouver un truc sympa à faire samedi soir tout en ayant un bon prétexte pour vous voir dans un cadre un peu plus romantique que la machine à café.

■ Organisez une soirée juste pour le retrouver

Vous ne trouvez pas de prétexte pour vous rapprocher de ce beau blond, ami d'amis avec qui vous avez seulement échangé quelques mots la semaine dernière à l'apéro chez une copine ? Qu'à cela ne tienne, retroussez vos manches et organisez une mégateuf chez vous le vendredi suivant. Bien sûr, n'oubliez pas de dire à votre amie Julie d'inviter ce charmant jeune homme qu'elle vous a présenté l'autre jour...

Ouvrez le cercle !

Vos arrière-grands-mères rencontraient leurs promis au bal, à l'église ou se laissaient guider par les intérêts familiaux… Vos grands-mères rencontraient leurs fiancés présentés par leurs grands frères ou bien il s'agissait des fils bien nés des amis de leurs parents… Vos mères rencontraient leurs futurs maris à la fac, au bureau, ou dans des manifs…
Et vous alors ? C'est en jouant de tous vos réseaux de relations que vous verrez le Jules de vos rêves faire irruption tout simplement dans votre vie… (et non en attendant que le prince charmant déboule sur son cheval ou plutôt sur sa BMW vrombissante devant votre immeuble). Suivez nos conseils pour étendre votre réseau, votre "écosystème", selon l'expression en vogue du moment.

■ Tes vieux amis tu cultiveras…

Ce sont vos plus fidèles alliés, ceux qui peuvent vous inviter en vacances avec leurs 2 mômes chez ce cousin en Bretagne qui vient d'être quitté par sa copine, qui vous écoutent sans lassitude, qui sont prêts à rameuter le ban et l'arrière-ban pour vous présenter le frère d'une amie qui vient de rentrer d'une mission humanitaire… et qui ne vous jugent jamais. Filles ou garçons, gay ou hétéro, ils sont vos socles, vos rocs, vos racines…

■ « C'est en chassant hors des sentiers battus que l'on trouve chaussure à son pied. » (proverbe sino-tibétain du XXIe siècle)

Au boulot, à la gym, à un dîner… abordez les garçons que vous croisez, quelles que soient vos différences. Vous serez étonnée des rencontres que vous ferez et des personnalités que vous découvrirez, parfois très loin de l'idéal que vous vous étiez fixé.

■ Des open apéros tu organiseras

Vous voulez renouveler votre cercle d'amis ? Rien de plus simple : demandez à chacun de vos copains/copines célibataires ou non de venir avec un garçon actuellement disponible. Pas de formalisme, vous invitez aussi vos copines célibataires et là... le mélange opère, ou pas, mais ce n'est pas grave, car l'important c'est de se lancer... Pour plus d'efficacité, prévoyez une sangria bien dosée et éventuellement, de monter le volume de la sono (voire d'imposer le quart d'heure américain qui tue...).

■ Du café du coin, ton QG tu feras

Que ce soit avant de partir au travail, entre midi et deux ou à l'heure de l'apéro, il est toujours agréable d'avoir ses petites habitudes au rade du quartier. D'ailleurs, au fil du temps, vous croisez toujours les mêmes têtes : le jeune cadre dynamique en costume cravate qui renverse son café sur son Ipad quand il croise votre regard; le grand brun, barbe de 3 jours, à l'éternel jean délavé, casque sous le bras, prêt à s'élancer dans la capitale à toute allure; l'accro au Wi-Fi qui s'installe toujours à la même table; le père quadra séparé qui s'autorise un petit noir avant d'accompagner son fils à l'école; les potes trentenaires qui prennent toujours l'apéro au comptoir en trinquant toutes les 10 min... Un joli petit monde que vous commencez à connaître, qui vous sourit, que vous saluez. Jusqu'au jour où le grand brun oublie son casque sur le zinc et où vous vous élancez dans la rue pour le rattraper. Comme dans un roman de David Foenkinos...

■ L'aventure est à l'étage (ou sur le palier d'en face)

Immeubles en fête

www.immeublesenfete.com

Il faut bien l'admettre, les relations de voisinage à Paris sont souvent inexistantes. Osez le changement en invitant ceux qui partagent votre immeuble. Organisez une petite fête si vous venez d'emménager et conviez-les par un petit mot dans l'ascenseur. Vous êtes déjà là depuis 5 ans et vous n'avez jamais échangé plus de 3 mots avec vos voisins de palier. Profitez des voies plus "officielles" pour faire connaissance, comme la Fête des voisins qui a lieu fin mai ou début juin. Le principe est on ne peut plus simple : on se réunit dans le hall, la cour, un appartement ou même dans la rue autour de quelques bouteilles et/ou petits plats apportés par chacun. Une preuve de plus que les idées les plus simples font l'unanimité, puisqu'en 2011, près de 7 millions de Français y ont participé et que le concept s'est exporté avec succès dans toute l'Europe !

RACOLEZ AVEC HUMOUR !

Lorsque vous écrivez votre petit mot à placarder dans le hall et dans l'ascenseur, évitez le classique "J'organise une petite fête samedi soir à laquelle vous êtes cordialement invités. Par avance, je vous prie de m'excuser pour la gêne occasionnée."... Décoincez-vous ! Écrivez plutôt : "Pour fêter mon arrivée dans cet immeuble très sympathique, je vous invite tous, gentils voisins, à venir prendre un verre (ou deux) chez moi, au 5e étage gauche. Passez quand vous voulez samedi à partir de 20h !".

Ma résidence – Le réseau des voisins

www.ma-residence.fr

La convivialité un jour par an, c'est bien, mais toute l'année c'est mieux ! Avec ce site Internet, vous pouvez créer un réseau avec vos voisins d'immeuble ou de quartier. Vous pouvez proposer en ligne de petites annonces de services, des bons plans locaux et des recommandations en tous genres.

Voisins solidaires

www.voisinssolidaires.fr

Un autre site Internet développé par les créateurs d'immeubles en fête donne plein de bonnes idées pour s'entraider entre voisins, on peut y télécharger des kits d'agendas et autres affichettes pour s'organiser collectivement : partager des courses, aller chercher des médicaments pour une personne malade, gérer des problèmes de clefs, des départs en vacances, etc. Bref, vivre mieux ensemble, tout simplement.

■ Draguez en douce au bureau...

Les histoires entre collègues, parfois irrésistibles et très excitantes au début, peuvent se terminer en cauchemar lorsqu'il faut continuer à travailler ensemble après une rupture difficile ou une simple aventure sans lendemain. Pour peu que le collègue en question soit du genre bavard et se soit vanté auprès de ses copains du bureau d'en face, vous voilà la cible de plaisanteries et de sourires goguenards. Sans parler de l'histoire avec un chef, à éviter à tout prix, sauf coup de foudre incontrôlable et réciproque bien sûr.
Mais les chiffres contredisent ces mauvais présages. Profs, fonctionnaires, banquiers, internes en médecine : ils se sont souvent rencontrés lors de leurs études ou sur leurs lieux de travail et cela dure !

Besoin d'un coach ?

École française de la séduction, Véronique J & Co

20, rue Cambon, 1er • M° Concorde • Tél. 01 42 61 84 45 et 06 03 24 97 73 • www.ecoledeseduction.com

Conférence séminaire de 3 jours : 480 €

Suivez le guide. Véronique J, ancienne conseillère matrimoniale a créé la première École française de séduction en 1995 à partir d'un constat : pour rencontrer quelqu'un, les célibataires doivent d'abord travailler sur eux-mêmes, être coachés. Elle explique : "Contrairement à certaines idées reçues, le coaching séduction n'a rien de superficiel. On travaille sur des blocages psychologiques et sur des freins liés à l'éducation, beaucoup plus puissants qu'on ne l'imagine." Cependant, le plus important dans le travail de coaching reste d'apprendre à aller vers l'autre au quotidien, ce qui est, selon Véronique J., de plus en plus difficile pour une génération qui passe sa vie derrière les écrans. En clair : on ne sait plus séduire ! D'où l'importance de connaître par exemple les subtilités du langage du corps et ce qu'il dit de nous, tout en développant son charisme pour oser aborder sans se faire rembarrer !

Love is in Paris

Tél. 06 70 16 79 97 • www.loveisinparis.com • 100 € la séance individuelle en face à face d'1h30/2h 200 € l'atelier d'une après-midi ou d'une soirée de séduction dans Paris.

Parisian touch. Lucie Mariotti est parisienne et *love coach*. Son credo : on ne drague pas à Paris comme à Miami ou à Barcelone. Elle a donc spécialement adapté ses conseils aux codes et usages de notre ville pour assurer à ses poulains d'être toujours dans le bon ton à l'heure de la séduction. Différentes formules au choix avec un slogan éprouvé : "satisfait ou recoaché".

Au diable la timidité !

Vous avez le cœur qui s'emballe, la gorge qui se serre et vous rougissez jusqu'aux oreilles lorsque vous êtes face à un Jules qui vous plaît ? Au pire, vous êtes paralysée et au mieux, vous bégayez quelques phrases incohérentes avant de vous taire, soudainement fascinée par vos chaussures ? Vous êtes timide, voire très timide. Votre comportement est le reflet de vos angoisses : peur de n'avoir rien à dire, d'être insignifiante, de ne pas savoir cacher vos émotions ou que votre tentative d'approche soit à tort interprétée comme de la nymphomanie. Du coup, vous ne regardez jamais votre interlocuteur dans les yeux et votre attitude corporelle est globalement fuyante. Bien évidemment, cette inhibition, due à une faible estime de soi, ne facilite pas les rencontres. Mais ne prenez pas cela pour une fatalité qui vous handicaperait à jamais dans vos relations. N'hésitez pas à vous faire aider par des professionnels qui sauront peu à peu vous libérer de vos peurs.

■ Les thérapies comportementales et cognitives

Contrairement aux séances de psychanalyse sur le divan qui peuvent durer une dizaine d'années, les thérapies comportementales et cognitives, très concrètes, sont en moyenne de 6 mois. Elles consistent notamment en un accompagnement pour affronter les situations redoutées, comme dans le cas de phobies. Les séances d'environ 45 min sont orientées sur les pensées et les croyances erronées qu'ont les patients sur eux-mêmes, à l'origine de leurs difficultés. Grâce à l'écoute du thérapeute et à un dialogue interactif, on remonte progressivement au cœur de ses angoisses et on travaille activement au moyen d'exercices pour parvenir peu à peu à les neutraliser. Ces thérapies conviennent particulièrement aux personnes qui souhaitent vaincre des handicaps précis dans leur vie quotidienne, mais qui ne souffrent pas du tout de troubles psychologiques lourds.

Association française des thérapies comportementales et cognitives (A.F.T.C.C.)

27, rue Saïda, 15e • Tél. 01 45 89 55 66 • www.aftcc.org • Adresse administrative, pas d'accueil du public • La liste des thérapeutes reconnus par l'A.F.T.C.C. par arrondissement est à consulter sur le site Internet, dans la rubrique Contacts > Carte des membres > Liste des membres.

Les tarifs sont très variables et se situent aux alentours de 60 à 70 € pour une consultation avec un psychologue et de 80 à 130 € avec un psychiatre. Seules les consultations avec des psychiatres sont partiellement prises en charge par la Sécurité Sociale.

UN EXEMPLE : LA THÉRAPIE D'AFFIRMATION DE SOI

Cette thérapie de groupe regroupant 6 à 8 personnes est animée par un psychologue ou un psychothérapeute. Elle se pratique sous forme de 2 séances par semaine avec des jeux de rôle et des mises en situation de communication. Les participants jouent des scènes courantes de la vie quotidienne comme converser avec quelqu'un, demander quelque chose, émettre un désaccord, refuser ou répondre à une critique ou à un compliment… Cette thérapie se déroule dans une ambiance agréable, presque amicale et donne des résultats en 4 mois. Une occasion à ne pas manquer de trouver de l'aide pour être davantage sûrs de soi dans la vie de tous les jours qui pourra aussi servir pour ne pas fuir en courant dans une situation de rencontre amoureuse.

2

Relookez-vous pour partir à point

La beauté intérieure, il n'y a que ça de vrai, c'est votre grand-mère qui vous l'a dit et redit, mais croyez-en toutes celles qui emballent, quand la beauté est visible à l'extérieur, c'est encore mieux. Femmes du XXIe siècle nourries à la parité, ne bondissez pas, il ne s'agit pas de soumission aveugle au désir masculin tout puissant, mais de simple bon sens. Et contrairement aux idées reçues, les regards ne sont pas uniquement réservés aux bombes sexuelles, qui font souvent plutôt fuir les hommes. Pour attirer l'attention de la gent masculine de façon naturelle et sans tomber dans la vulgarité, un principe est essentiel : restez féminine et simple ! Et oui, même dans une société de plus en plus égalitaire, les hommes sont toujours attirés par les femmes qui ressemblent à des femmes et pas à leurs meilleurs potes.

À ÉLIMINER DÉFINITIVEMENT DE VOTRE PENDERIE…

→ Les pulls camionneurs, à garder uniquement pour déménager, et encore…
→ Les jeans ultra-larges, genre rappeur, cool, mais pas sexy.
→ Les leggings, avec prudence car les bourrelets seront en majesté.
→ Les robes longues si on mesure moins d'1,65 m, au risque de passer pour le 8e nain de Blanche Neige.
→ La robe bustier façon Marilyn si on fait du 80B, pour éviter la sensation de vide assurée.
→ Le total look tigresse ou panthère qui peut effrayer !

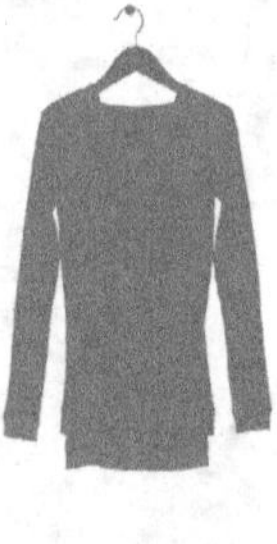

Quand les grands magasins se mettent en quatre

Si les conseils de votre meilleure copine ne vous suffisent pas, quelques pros peuvent vous aider et vous faire gagner beaucoup de temps... Venu des États-Unis et plus précisément de New York, le *personal shopping* est une solution efficace pour toutes celles qui enragent devant leur penderie en répétant à l'infini le sempiternel "J'ai rien à me mettre !".

Galeries Lafayette

40, boulevard Haussmann, 9e • M° Chaussée-d'Antin
Tél. 01 42 82 35 50 • www.galerieslafayette.com • Service gratuit, sur rendez-vous

Mode Plus. Vous êtes en manque d'inspiration vestimentaire et vous cherchez une robe pour une occasion spéciale, un premier rendez-vous ou tout simplement des conseils pour choisir vos vêtements de tous les jours ? Les *personal shoppers* des Galeries Lafayette vous accompagnent pour refaire votre garde-robe en fonction de vos besoins et de votre budget. Dans un petit salon privatif, on vous fait essayer toutes les tenues sélectionnées spécialement pour vous, sans obligation d'achat. La classe, non ? Et en plus, c'est gratuit. Et si vous voulez la totale, le service Mode Plus des Galeries Lafayette propose un relooking complet et totalement personnalisé sur rendez-vous pendant un peu plus de 2 h pour 200 €. Au menu, des essayages, des conseils de professionnels pour votre coiffure et un relooking maquillage chez Sisley.

Et aussi...

Bon Marché

24, rue de Sèvres, 7e • M° Sèvres-Babylone • Tél. 01 44 39 80 00
www.lebonmarche.com • "Shopping service" gratuit avec une hôtesse conseillère de vente qui vous accompagne dans les rayons pour choisir des vêtements Avec un styliste professionnel : 150 € pour 2h ou 350 € la demi-journée, sur rendez-vous

Printemps

64, boulevard Haussmann, 9e • M° Chaussée-d'Antin
Tél. 01 42 82 77 83 • www.printemps.com • Gratuit
Séance de 2h, sur rendez-vous

Agence de relooking Cristina Cordula

Tél. 09 53 73 36 83 et 06 10 38 91 41 • www.cristinacordula.com
Relooking coiffure et maquillage : 450 €, morphologie, colorimétrie et style : 710 €, "relooking basic" complet : 800 € + à partir de 150 € pour une nouvelle coiffure

Ma chérrrrie, tou es soublime ! Vous êtes une fan de Cristina Cordula, la très pétillante animatrice de "Nouveau look pour une nouvelle vie" sur M6 ? Et si vous lui faisiez confiance pour vous relooker ? Pas de panique, vous n'aurez pas besoin de vous afficher devant la France entière dans votre vieux jean et votre pull tout rabougri pour un très cruel état des lieux sous l'œil des caméras. Plus discrètement, vous n'aurez qu'à prendre rendez-vous à l'agence de Cristina Cordula, située en plein cœur du Paris chic et glamour, entre le Louvre et Palais-Royal. Sur place, l'ex top-modèle brésilienne et star du petit écran fera en personne avec vous un premier diagnostic sur votre look, pendant 30 min. Puis, sous sa direction, son équipe prendra en charge votre relooking en étudiant votre morphologie et les couleurs qui vous vont le mieux selon votre peau, vos yeux, vos cheveux... Vous apprendrez ainsi à choisir les vêtements qui mettent vraiment en valeur votre corps et qui subliment votre silhouette. Du sur-mesure, donc, pour un nouveau style qui vous révélera. Les garçons se retourneront ensuite sur votre passage.

Apprenez à vous maquiller, gratis

BHV

52, rue de Rivoli, 4e • M° Hôtel-de-Ville
Tél. 09 77 40 14 00 • www.bhv.fr

Bon plan. Se maquiller est un geste quotidien pour une majorité d'entre nous, mais c'est aussi un art qui s'apprend. Pour éviter les fautes de goût et mettre en valeur son visage, pourquoi ne pas profiter des conseils en maquillage gratuits proposés par presque toutes les grandes marques ? En vous baladant dans le rayon parfumerie du BHV par exemple, vous aurez l'embarras du choix. En effet, la plupart des marques y proposent un maquillage express gratuit, sans obligation d'achat. Vous pourrez donc y prendre plein de bonnes idées en interrogeant votre maquilleuse d'un jour... Bien sûr, vous serez sûrement tentée de repartir avec quelques produits, mais au moins, vous pourrez contrôler votre budget. Sachez qu'une véritable leçon individuelle de maquillage d'environ une heure avec un professionnel vaut dans les 75 €...

Et aussi...
Ce bon plan est aussi à exploiter dans les **Séphora**, **M-A-C**, boutiques **Bobbi Brown** et autre temples du maquillage.

CYBERRELOOKEZ-VOUS

C'est magique ! Si vous souhaitez obtenir des solutions gratuites et rapides pour votre relooking sans bouger de chez vous, les programmes virtuels à consulter sur les sites Internet de Marie-Claire et Cosmopolitan sont très pratiques et plutôt ludiques. Ils permettent de changer virtuellement sa coiffure et son maquillage en téléchargeant sa photo et en cliquant sur les différents modèles de coiffures (dont celle des stars) qui viennent se placer sur votre visage. Même système pour le maquillage, du fond de teint en passant par le crayon et l'ombre à paupières : vous pouvez tout essayer !
www.marieclaire.fr/relooking/coiffure-maquillage.html
www.cosmopolitan.fr/relooking/coiffure-maquillage.html

Pour celles qui veulent se sentir…

■ Douce, mais ultra efficace comme le Pilates

Cours de Pilates au sol – Mariano Jadur

Tél. 06 79 71 15 85 • www.coursdepilatesparis.com

Cours d'essai gratuit • Carte de 10 cours trimestrielle : 140 €

Sport et bien-être. Cette gymnastique redoutablement efficace agit sur les muscles profonds et affine toute la silhouette, tout en rééquilibrant la posture. Elle fait fureur aux États-Unis, surtout depuis que des stars comme Nicole Kidman ou Angelina Jolie s'affichent en adeptes convaincues. Les cours, sur un rythme soutenu mais toujours apaisant, permettent de muscler harmonieusement le ventre, les fesses et les jambes, en coordonnant mouvements et respirations sans à-coups pour protéger le dos et les articulations. Très vite, on s'affine, on s'apaise… et on est bien !

Et aussi, dans certains grands centres de danse tels que :

Le Studio Harmonic

5, passage des Taillandiers, 11e • M° Bastille • Tél. 01 48 07 13 39

www.studioharmonic.fr

■ Déchaînée comme la zumba

Ce cocktail explosif qui mêle danse et fitness pour se muscler et perdre du poids tout en s'éclatant sur des rythmes latinos – de la cumbia à la salsa en passant par le merengue et le reggaeton – fait fureur dans les salles de sport. Pas besoin d'être très gracieuse pour s'éclater. Les chorégraphies de mouvements simples et répétés sont proposées par le professeur et derrière lui, on enchaîne en rythme des pas spécialement conçus pour tonifier les cuisses, les abdos, les bras, bref tout ce qu'on rêve de raffermir un peu… On transpire, on s'éclate et du coup, on ne ressent plus l'effort physique comme une torture. Juste un conseil toutefois : n'y allez pas un jour de grosse fatigue, vous risqueriez de ne pas suivre le rythme endiablé. En effet, malgré quelques ralentissements ponctuels, la zumba reste une acti-

vité ultra-dynamique qui nécessite une certaine endurance et aussi un minimum de coordination pour ne pas vous cogner à votre voisine quand vous devez lever la jambe gauche en même temps que tout le monde. On vous recommande ce cours sympa :
19, rue du Mont-Louis, 11e • M° Philippe-Auguste
Tél. 06 77 13 61 00 • www.pariszumba.com • Cours à l'unité : 13 €

■ Sensuelle et provocante comme la pole dance

Vous avez sûrement vu des stripteaseuses lovées autour d'une barre verticale aguichant des hommes subjugués, une bière à la main. Trop osé pour vous ? Mais noooon ! Contrairement aux a priori, il s'agit d'une discipline sportive très exigeante. Ultra-sexy, certes, mais aussi acrobatique et artistique, avec des figures qui peuvent parfois être très complexes.

Pink School

49-51, rue de Ponthieu, 8e • M° Saint-Philippe-du-Roule
Tél. 06 27 99 18 22 • www.pinkschool.fr • Cours découverte : 25 €
Session de 10 cours sur 3 mois : 200 €

Séduction. Pour vous initier en douceur dans un cadre original et glamour, essayez la Pink School, située au Pink Paradise, un club de strip-tease chic près des Champs-Élysées. En début de soirée, le décor est le même que celui des spectacles, mais l'ambiance y est radicalement différente : exclusivement féminine et très bon enfant. On rit beaucoup et on oublie très vite pudeur et complexes. Au fil des cours, on se sent plus confiante dans ses mouvements, plus sensuelle. Idéal pour apprendre un numéro qui laissera notre cible complètement baba le moment venu.

Et aussi…

École Pole & Dance de Laurence Hilsum, vice-championne du monde 2011

54, rue du Château-des-Rentiers, 13e • M° Olympiades
www.pole-and-dance.com • Carte de 10 cours : 270 €

■ Dansez la vie

Biodanza – Chantal Berline

54, rue Émeriau, 15e • M° Charles-Michels • Tél. 01 40 18 93 10
www.biodanza-vsv.fr • www.biodanza-rp.fr
Cours d'essai : 10 € • Atelier du mercredi soir (2h) : 18 €
Forfait annuel : 490 €

Danse de la vie. Inutile de savoir danser pour profiter pleinement d'un atelier de biodanza. Cette activité de développement personnel ne se soucie pas d'esthétique du mouvement, mais uniquement de ressenti. Comme lorsque vous étiez enfant, les membres du groupe sont invités à se prendre par la main, à faire une ronde, à marcher ensemble… Au premier abord, cela paraît déroutant, mais, passés les premiers moments de timidité, on se détend et on se rapproche ! Chacun se sépare ensuite pour laisser libre cours aux mouvements que lui inspire la musique, soigneusement préparée par Chantal Berline selon le thème du jour. Ni compétition ni obligation de résultat, mais du pur plaisir au plus près des sensations et des émotions. Accessible à tous, la biodanza permet de développer l'ouverture aux autres, tout en boostant la confiance en soi et l'énergie vitale. À découvrir sans a priori.

3

Sortez pour rencontrer Jules, Marc, Fernand, Philibert… et tous les autres

Trouver un Jules est, ce n'est plus à prouver, beaucoup plus envisageable si vous sortez de chez vous que si vous restez en mode cocooning sur votre canapé en pyjama en poil de pilou, avec ou sans chat pour vous tenir compagnie. Ces moments de détente un peu stéréotypés ne sont pas interdits aux célibataires, mais veillez à ce que cela ne se transforme pas en routine quotidienne. N'écoutez plus les clichés sur la ville sauvage et anonyme, Paris regorge de lieux conviviaux où discuter, danser avec de sympathiques inconnus ou tout simplement partager un concert cool, un verre à la main.

Géolocalisez les Jules !

BonjourBonjour

Application BonjourBonjour gratuite pour iPhone, Blackberry ou Androïd et iPad • Téléchargement sur www.bonjourbonjour.net

Get together. Imaginez : vous êtes attablée, seule, à une terrasse de café et vous vous ennuyez ferme lorsque tout d'un coup, votre smartphone s'illumine et affiche la photo de Sébastien, potentiellement l'homme de votre vie. L'application Bonjourbonjour vous prévient qu'il est là, tout près, à quelques centaines de mètres. Vous n'avez qu'à "l'accepter" pour entrer en contact avec lui par tchat ! Après quelques petits mots, donnez-lui rendez-vous 5 min plus tard au coin de la rue et faites connaissance en toute simplicité. Si vous ne souhaitez pas être contactée par des inconnus, vous pouvez aussi choisir de rester invisible pour lancer vous-même des "bonjours bonjours" seulement aux Jules du secteur qui vous intéressent. Dans tous les cas, pas de panique, les personnes connectées ne connaissent jamais votre position à moins de 100 mètres, sauf si vous choisissez de leur révéler. Pour les geekettes gonflées...

Où dîner en très bonne compagnie

The Sunday Dinners
Chez Jim Haynes

83, rue de la Tombe-Issoire, 14e • M° Alésia • Tél. 01 43 27 17 67
www.jim-haynes.com • Ouvert le dimanche soir • Participation pour un dîner complet et open bar vin, bière, sodas à volonté : 30 € environ

Happy dimanche. Jim Haynes est un écrivain américain qui vit à Paris dans un havre de paix, un atelier d'artiste entouré d'un joli jardin, dissimulé derrière un haut portail. C'est ici que cet amoureux de la vie, des rencontres et des voyages, organise depuis plus de 30 ans des dîners ouverts à tous, le dimanche soir. Pour participer, il vous suffit de vous inscrire par téléphone ou par mail et Jim vous accueillera pour faire ripaille dans son atelier ou dans le jardin aux beaux jours. Autour d'un dîner roboratif et d'un verre de vin, une soixantaine de personnes de tous âges et nationalités se retrouve chaque dimanche pour se rencontrer et passer un bon moment à discuter et à faire connaissance, tout simplement. Certains sont des habitués qui viennent depuis des années. Les nouveaux sont accueillis spécialement par Jim, qui se fait un devoir de retenir chaque prénom ! Les présentations se font facilement et les conversations vont bon train, principalement en anglais. On y croise aussi bien un étudiant allemand qu'une peintre norvégienne ou un dessinateur américain. De quoi s'ouvrir à de nouvelles perspectives et oublier définitivement la déprime solitaire du dimanche soir ! (Voir aussi Si les Frenchies vous ennuient, p. 40)

Pasta Parties

http://pastasparty.com/ • Tout compris : 40 €

Rejouez *La Belle et le Clochard*. Le concept est simple : dans une ambiance conviviale, partager un plat de pâtes avec des inconnus qui ont envie de rencontrer des gens, le tout dans un restaurant privatisé. On s'inscrit sur Internet en remplissant un questionnaire et les hôtes se chargent ensuite du plan de table. Une semaine après, un after pasta est organisé dans un bar ou un café ce qui permet à chacun de retrouver les personnes avec qui le contact est particulièrement bien passé... Et plus si affinités ! Héloïse Dion, l'organisatrice, avait démarré les *pasta partys* chez elle en 2007, du temps où elle était elle-même célibataire. Mais depuis qu'elle y a rencontré l'homme de sa vie, elle a décidé de louer des restaurants et de faire les choses en grand. D'après elle, chaque soirée déboucherait sur 10 % de nouveaux couples ! Plutôt encourageant, non ?

Pour les fans de mystères

Dîners Facebook

Participation : 45 €, gratuit si vous venez avec une nouvelle recrue

Surprise ! Sur Facebook, recherchez "Dîners clandestins" pour accéder aux publications et vous inscrire au prochain rendez-vous. Très tendance et facile d'accès : les "Dîners clandestins" chez des particuliers, "Dîners gourmets" chez des inconnus dans le but de faire connaissance autour d'une bonne table. On apprend la veille l'adresse exacte de la soirée : amateurs de surprises, soyez les bienvenus !

Un artiste à la table

Tél. 06 38 25 26 05 • http://unartistealatable.blogspot.fr • Buffet dînatoire avec canapés, vin et champagne : 50 € • Rencontres organisées toutes les 5 à 6 semaines • Inscription sur le site

Chic. Imaginez, dans un appartement privé ou un atelier d'artiste, une vingtaine d'inconnus réunis autour d'un savoureux buffet gastronomique et d'un artiste invité en guest star. Tout en dégustant de succulents amuse-gueules préparés par Kristi, la chef californienne, on discute avec le chanteur, le peintre, le sculpteur ou le comédien invité ce jour-là, et bien sûr les autres invités, ravis de se trouver dans cette compagnie choisie.

Rock the casbah

26, rue Boissière, 16ᵉ • M° Boissière • Tél. 01 42 25 50 12
http://www.rock-the-casbah.com/ • 2 concerts + open bar champagne et buffet dînatoire : 80 € • Entrée – de 25 ans : 50 €
Entrée pour 2 : 120 € • Adresse secrète jusqu'à 4 jours avant

Ciel, des rockers dans le salon ! Au départ, tout est venu de l'idée folle de 4 copains fans de musique, désireux de partager leur passion dans une ambiance plus intime et conviviale que les grandes salles de concerts de la capitale. Ils décident alors d'investir de luxueux et grands appartements pour y programmer des concerts "comme à la maison", dans le salon. Aujourd'hui, les soirées "Rock the casbah" sont un *must* de la vie branchée parisienne et cassent la baraque tous les mois avec 150 à 200 personnes par soirée. Normalement, il faut montrer patte blanche et être recommandé par un habitué, mais les inscriptions sont quand même, a priori, ouvertes à tous sur le site Internet. On y va pour rencontrer très facilement du beau monde autour d'une (ou plusieurs) coupe(s) de champagne dans la cuisine ou en dansant comme une folle dans le salon devant un groupe de la nouvelle scène française. Les artistes invités sont triés sur le volet par Nathalie, la programmatrice, qui court les concerts de la capitale afin de dégoter les perles rares pour ses soirées. Dans l'appartement, les conditions acoustiques sont celles d'une vraie salle de concert… De quoi ravir toutes celles qui rêvent d'une rencontre originale dans une soirée pas comme les autres, à la fois très classe et survoltée.

Le speed-dating : à tenter

Depuis l'origine, la promesse du speed-dating est restée la même : rencontrer 7 inconnus à la suite pendant 10 min. Seul le hasard décide de la personne en face de laquelle on sera assis.

Soft Dating

→ Le mercredi à 20h au Biz

18, rue Favart, 2e • M° Richelieu-Drouot

→ Le vendredi à 20h et le dimanche à 13h au Bizen

111, rue Réaumur, 2e • M° Bourse • Tél. 06 25 06 06 71

http://www.softdating.com/ • Pour les filles le mercredi avec une consommation : 15 €, le vendredi avec une consommation : 10 €, le dimanche avec le brunch : 30 €

Affinités électives. Les soirées *Soft dating* sont une valeur sûre : 10 ans déjà qu'elles existent à Paris ! Les prétendants portent des numéros et se succèdent à votre table. Ils doivent faire preuve de décontraction et d'imagination pour aborder en peu de temps des sujets à la fois agréables et intéressants... ou pas ! Si la personne ne vous plaît pas, c'est vite terminé et si au contraire le courant passe, normalement on le sent très rapidement, même s'il est impossible de faire vraiment connaissance en si peu de temps. Le lendemain, en se connectant sur la plateforme privée de softdating.com, on y inscrit les numéros de ceux qui nous ont plu et on découvre si nous aussi, on leur a tapé dans l'œil ! Le principe est simple : lorsque 2 personnes souhaitent mutuellement se revoir, elles ont accès à leurs coordonnées réciproques, mais si seul un souhaite revoir l'autre, les coordonnées n'apparaissent pas. Un moment qui peut être cruel mais aussi parfois très excitant, surtout lorsqu'on a eu un coup de foudre (si, si, ça arrive !).

Notez que les soirées du vendredi sont plus informelles, avec une ambiance boîte de nuit, une centaine de personnes et des rencontres plus rapides (6 min). Il existe aussi la formule brunch, un dimanche par mois. Alors, que vous soyez plutôt oiseau de nuit ou oiseau de jour, plus d'excuses pour ne pas essayer au moins une fois !

Et pour faire votre choix parmi des dizaines de propositions chaque semaine :

Speed Dating

www.speeddating.fr • Différentes adresses selon soirées, à Paris et en banlieue • Pour les filles, avec 1 consommation : 15 € • Soirées de 20h à 23h par tranches d'âge • Possibilité de 8 à 10 rencontres par participant Réservez sur le site

---

LA PHÉROMONE PARTY CANADIENNE

Choisissez un tee-shirt que vous aimez et portez-le 3 jours de suite sans mettre de déodorant le matin. Ensuite, vous déposez le tee-shirt (auquel les organisateurs attribuent un numéro) dans un coin de la boîte. Si votre odeur est reniflée et appréciée par quelqu'un : bingo !

Les afterworks (parce que boire un petit coup après le boulot, c'est agréable)

Soyons réalistes : le sacro-saint métro-boulot-dodo n'est pas le meilleur moyen de rencontrer l'âme sœur. Alors avant de rentrer à la maison, rompez la routine et osez faire un petit tour dans un afterwork. Apparues il y a une dizaine d'années à Paris, ces soirées en semaine se sont depuis multipliées, avec un succès toujours grandissant. Normal, le concept a tout pour plaire : un lieu 3 en 1 pour grignoter, boire un verre et danser, ouvert de 19h à minuit-1h, créé sur mesure pour ceux qui souhaitent avoir une vie après le boulot, sans passer par la case cernes et pannes de réveil le lendemain.

Cocktail club au Roméo

71, boulevard Saint-Germain, 5e • M° Cluny-la-Sorbonne
Tél. 01 43 29 37 28 • www.leromeo.fr • Entrée : 20 €
Prévente : 15 € • Open bar jusqu'à 21h

Blue night. En plein cœur du quartier Saint-Michel, un grand bar illuminé de bleu et revêtu de miroirs, un carré VIP cosy et un fumoir spacieux qui donne sur la piste. Open bar mojitos et caïpirinhas, accompagnés de sushis. Du joli monde la plupart du temps. Un lieu très très couru...

Soirée La French au Regine's club

51, rue de Ponthieu, 8e • M° Franklin-Roosevelt
Tél. 06 67 66 80 00 • www.lafrench.com • Avant 21h avec le mot de passe La French pour entrée, open bar et buffet : 15 € (au lieu de 20 €) • Après 21h : gratuit pour les filles

Après l'effort, le réconfort... Tous les jeudis, dans le mythique club chez Regine's, la soirée afterwork La French est l'une des plus courues de Paris. Dans un décor à la fois glamour et kitsch, avec de gros fauteuils orange moelleux et un imprimé zèbre, on s'éclate sur des rythmes souvent électro et parfois années 1980, puis on passe à l'open bar pour faire connaissance avec le grand blond qui nous regarde danser, on se laisse inviter sur la piste et on n'oublie pas de lui laisser un "06"... avant de partir : tout ça en quelques heures, avant d'aller tranquillement se coucher comme la grande fille raisonnable que nous sommes. Quelle efficacité !

Showcase

Port des Champs-Élysées, 8e • M°/RER Invalides
Tél. 01 45 61 25 43 • www.showcase.fr • Entrée : 20 €
Prévente : 15 € • Open bar jusqu'à 21h

Atypique. Situé juste sous le pont Alexandre-III dans un ancien hangar à bateaux, le Showcase est un lieu superbe avec des arcades voûtées et une vue imprenable sur la Seine. Pour la musique, c'est ambiance électro à fond et pour le public, on peut le dire, très varié. Venez pour le lieu et la foule, plus que pour le buffet très simple, genre pique-nique.

Et aussi...
Voir **Wanderlust** (p. 52) et **Le Petit Bain** (p. 52).
Et pour en découvrir d'autres selon vos goûts et vos quartiers, consultez les sites www.afterworkaparis.com et www.planete-paris.fr.

Si les Frenchies vous ennuient...

À vous les expats, qui seront ravis de rencontrer la cousine d'Inès de la Fressange et la nièce de Coco Chanel : vous, incarnation si parfaite de la Parisienne... vous !

Cercle suédois

242, rue de Rivoli, 1er • M° Concorde • Tél. 01 42 60 76 67
www.cercle-suedois.com • Ouvert du lundi au vendredi de 10h à 18h • Soirées Rivoli mercredi jazz le mercredi de 18h à 23h (Concert à partir de 19h30) • Entrée avec un verre de vin : 10 €
Entrée étudiant (sans verre de vin) : 4 € • Assiette de tapas suédoises : 10 €

Private jazz. Si vous craquez pour les grands blonds aux yeux bleus et que vous appréciez les lieux raffinés à Paris, découvrez les soirées ouvertes à tous du Cercle suédois, les Rivoli mercredi jazz. Dans le cadre somptueux d'un grand appartement haussmannien, vous discuterez dans toutes les langues avec des expatriés distingués, tout en dégustant de délicieuses assiettes de tapas suédoises. Quelques notes de jazz s'échappent du grand salon, une magnifique pièce avec vue sur le Louvre et la Concorde, dans la lumière du soleil couchant. Plutôt romantique, non ? Cerise sur le gâteau, malgré l'élégance des lieux, l'ambiance n'est pas guindée, mais plutôt détendue et très animée. De quoi y prendre goût et pourquoi pas, apprendre le suédois ? Quand c'est pour la bonne cause...

Le Polyglot Club

→ Au Snax Kfé

182, rue Saint-Martin, 3e • M° Rambuteau ou Châtelet-les-Halles
Tél. 01 40 27 89 33

→ Au Wagg

62, rue Mazarine, 6e • M° Odéon • Tél. 01 55 42 22 01
Inscriptions sur www.polyglot-learn-language.com • Gratuit

Draguez en VO. Pour entrer au Polyglot club, pas besoin de mot de passe, mais juste d'une étiquette que Pat, le sympathique organisateur, collera sur votre veste à votre arrivée. On y lira *Hola*, *Hello*, *Buonasera* ou *Guten Tag* selon les langues que vous parlez. Passée cette première étape, vous serez immédiatement prise dans un tourbillon de conversations avec des dizaines de personnes de toutes nationalités et passerez d'une langue à l'autre, presque sans vous en rendre compte. Vous aurez l'impression d'être sur une planète cosmopolite et ouverte, chaleureuse et décomplexée, où il suffit de connaître quelques mots étrangers pour se lancer dans une discussion avec des inconnus. Même si vous avez honte de votre accent *frenchy*, vous aurez beaucoup de mal à résister à la bonne humeur ambiante, que ce soit autour d'une bière au Snax Kfé ou sur la piste de danse du Wagg. *Last but not least*, sachez que des soirées monolingues sont organisées le premier mercredi du mois en espagnol, le second en allemand, le troisième en italien et le dernier en russe. Le Polyglot club est, vous l'aurez compris, un excellent moyen de pratiquer les langues tout en faisant des rencontres. *So nice !*

Librairie Shakespeare and Co

37, rue de la Bûcherie, 5e • M° Saint-Michel • Tél. 01 43 25 40 93
www.shakespeareandcompany.com

English only. En plein cœur de Saint-Michel, face à Notre-Dame, se trouve une institution du quartier latin, une librairie pas comme les autres. On y trouve les toutes dernières nouveautés anglo-saxonnes, mais aussi des livres vintage en VO. À l'étage, dans une ambiance cosy et quelque peu décadente, on peut squatter jusqu'à 23h installée sur des fauteuils en cuir élimé ou des strapontins de cinéma en velours. Quelques antiques machines à écrire sont également mises à disposition de tous ceux qui auraient une soudaine inspiration littéraire. Un lieu à part, où l'on rencontre surtout des anglophones et beaucoup d'étudiants. Certains dorment même sur place en échange de quelques heures de bénévolat. On vient du monde entier visiter cette librairie et les contacts se font très facilement, alors si vous avez quelques affinités avec la langue de Shakespeare, n'hésitez pas à passer un peu de temps ici pour flâner et discuter. Une petite bulle cosmopolite à la fois calme et hospitalière.

Cité internationale universitaire

19, boulevard Jourdan, 14e • RER Cité-Universitaire
Tél. 01 44 16 64 00 • www.ciup.fr

Drague au vert. Lieu ouvert à tous, le campus de la Cité internationale est des plus agréables. On peut s'y promener dans le parc boisé de 34 ha, admirer les superbes pavillons aux architectures variées, faire son jogging, s'étaler sur la pelouse, s'asseoir en terrasse un livre à la main, assister à une pièce de théâtre... L'occasion de rencontrer des étudiants de tous pays s'adonner à des activités sportives et culturelles. Il y a toujours du monde, même le dimanche et ça fourmille d'étrangers célibataires (ou très loin de leurs copines !), contrairement au tout proche parc Montsouris où l'ambiance est plutôt au concours de la plus belle poussette. Vous l'aurez compris, la Cité internationale est une aubaine pour celles qui rêvent de mettre une petite touche d'exotisme dans leur quête du Jules idéal. Tactique d'approche recommandée : ignorez le plan que l'on vous propose à l'entrée et abordez d'un air candide le bel Argentin en train de bouquiner sur l'herbe ou le grand Norvégien au physique d'athlète qui se fera un plaisir de vous renseigner...

Belushi's

159, rue de Crimée, 19e • M° Laumière ou Crimée
Tél. 01 40 34 34 40 • www.belushis.com • Ouvert tous les jours de 7h à 1h • Club ouvert les vendredi et samedi de 21h à 2h

Sur la route. Vous aimez l'aventure, les voyages et les routards ? Allez faire un tour au Late Night Bar du Belushi's. Ce gigantesque vaisseau en verre amarré au bassin de la Villette appartient au groupe international d'auberges de jeunesse St Christopher's Inns. Toute l'année, il accueille des étudiants et des routards du monde entier dans une ambiance souvent survoltée et toujours cosmopolite. On y fait des rencontres sympas autour du billard, à un concert ou sur la terrasse donnant sur le bassin. Et le week-end, on descend au sous-sol pour enflammer la piste avec des étrangers des quatre coins du monde récemment débarqués à Paris et bien sûr, tous fascinés par les véritables Parisiennes telles que vous. Ça vaut vraiment la peine de sortir un peu des sentiers battus.

Bars et clubs : les lieux qui bougent

■ Bars

Andy Walhoo

69, rue des Gravilliers, 3ᵉ • M° Arts-et-Métiers • Tél. 01 42 71 20 38
http://andywahloo-bar.com • Ouvert du mardi au samedi
de 18h à 2h • Demi : 5 € (3 € en happy hour*) • Mojito : 11 €*

Esprit souk. Une ambiance *Mille et Une Nuits* décalée avec déco arabisante version récup' des années 1970 à base de cartons de lessive du bled, de poufs en pots de peintures et de photos warholiennes au mur. Dans ce bar très tendance, tenu par les frères Mazouz, laissez-vous aller aux surprises de la nuit tout en sirotant un bon cocktail à l'eau de rose. Dans la salle, on s'électrise sur la piste de danse avec des mix de DJ invités. Une bonne alternative à la boîte, mais attention : venez tôt ! La nuit avançant, le bar est vite plein à craquer. Un bon moyen pour faciliter les contacts, mais il faut aimer...

À DEUX, C'EST MIEUX...

Le problème numéro 1 quand on est seule et que l'on veut rencontrer quelqu'un, c'est justement d'être seule. Et oui, pour sortir, mieux vaut être au moins 2, sinon, ça peut vite devenir glauque. Vos alliées, contrairement à ce que vous pensez peut-être, sont donc les autres filles célibataires. Alors arrêtez de considérer toutes les filles libres comme des rivales à éliminer et allez au contraire vers elles, faites-en des amies ! Ensemble, vous serez plus fortes, car vous aurez la possibilité de provoquer les rencontres beaucoup plus facilement. Attention, sur place, soyez stratégiques : évitez de regarder toutes en direction du même garçon... Mais quand on sait que l'océan est rempli de poissons ça ne devrait pas arriver, n'est-ce pas ?

Le Sans Souci

65, rue Jean-Baptiste-Pigalle, 9e • M° Blanche

Tél. 01 53 16 17 04 • Ouvert du lundi au samedi de 7h30 à 2h

Demi : 2,50 € • Pastis : 2,50 €

Vrai zinc parisien. À l'origine plutôt quelconque, ce rade, l'air de rien, est devenu un incontournable de Pigalle où il faut absolument passer le samedi soir, pour voir et y être vu. Une clientèle plutôt rock, une musique qui résonne et de la bière qui coule à flot autour du zinc... la recette du succès ! Très vite bondé, le bar se prolonge sur le trottoir, où l'on fait connaissance avec les autres clients, clope au bec et/ou verre à la main. Une bonne adresse pour faire des rencontres.

Le Pompon

39, rue des Petites-Écuries, 10e • M° Bonne-Nouvelle

Tél. 01 53 34 60 85 • www.lepomponblog.fr

Demi : 4 € • Cocktails : 10 €

Pour les hipsters. Un bar élégant, ambiance club anglais avec boiseries, grands miroirs, sol de mosaïque et grand lustre au plafond. On s'y sent tout de suite bien, servie par des barmen au look fifties, tendance *Mad Men*. Le lieu est vite envahi à mesure que la soirée avance mais heureusement, il existe une porte capitonnée qui ouvre sur un autre univers : celui du club et de sa piste de danse ! Là, on se bouge sur des mix de DJ et on applaudit des groupes venus le plus souvent d'Outre-Manche.

L'Alimentation générale

64, rue Jean-Pierre-Timbaud, 11e • M° Parmentier

Tél. 01 43 55 42 50 • www.alimentation-generale.net

Ouvert les mercredi et dimanche de 19h à 2h, du jeudi au samedi jusqu'à 4h • Accès libre avant 22h (et jeudi avant 23h)

Après 22h avec une conso : 10 € • Demi : 3 €

Arty. Un grand bar sympa et pas trop branchouille d'Oberkampf où l'on peut boire et manger pour pas cher et même danser ! Créée en mai 2005, l'alimentation générale – l'ALG pour les intimes – c'est une déco façon bric-à-brac brocante et une programmation musicale éclectique : électro, rock, groove, world, funk, soul, hip-hop, disco... Le lieu propose aussi de très nombreux événements : concerts, performances, vernissages, projections, bals popu (voir notice p. 57)... Un bar de proximité où on se sent rapidement à l'aise.

Le Tournesol

9, rue de la Gaîté, 14e • M° Edgar-Quinet • Tél. 01 43 27 65 72
Ouvert tous les jours de 8h à 2h • Demi : 4,10 €

Bobo rive gauche. Le sud de Paris ne regorge pas de rades à l'ambiance survoltée, c'est le moins que l'on puisse dire. Mais Ce lieu est une exception à la règle. Une déco en fer forgé, des meubles récup' : on dirait presque un bar bobo ! On y trouve des journalistes, des DJ, des éditeurs et des riverains trop heureux de trouver ce genre de bar dans le quartier. L'ambiance est plutôt bruyante et la musique souvent électro.

Rosa Bonheur

Parc des Buttes-Chaumont • 2, avenue de la Cascade, 19e
M° Botzaris • Tél. 01 42 00 00 45 • www.rosabonheur.fr
Ouvert du mercredi au dimanche de 12h à minuit • Demi : 3 €

Guinguette d'époque. Au Rosa Bonheur, l'été, les tables sont dehors et l'on est tous aux coudes à coudes... et très vite à tu et à toi. On peut y manger, boire et danser au son de musiques décalées d'Annie Cordy à Daft Punk dans un joli petit chalet entouré de verdure, au cœur du parc des Buttes-Chaumont. Mention spéciale pour le dimanche soir, où l'ambiance survoltée vous fera oublier instantanément la déprime de fin de week-end. Attention, la file d'attente à l'entrée est longue, profitez-en pour discuter avec le petit brun aux beaux yeux verts qui vous colle de près. À noter aussi le cadre ultra-romantique, pour trinquer au soleil couchant, avec vue imprenable sur le magnifique parc.

L'Attirail

9, rue au Maire, 3e • M° Arts-et-Métiers • Tél. 01 42 72 44 42
www.lattirail.fr • Ouvert tous les jours de 10h à 2h environ
Demi : 2,50 €, 3 € après 20h, 2 € au comptoir

Éclectique. On trouve de tout à l'Attirail : un tout petit bar, îlot festif niché dans la très calme rue au Maire. Des groupes de punk acoustique aux musiques tsiganes en passant par du jazz ou du folk, le mot d'ordre est éclectisme et ouverture, à l'image des patrons berbères qui ont ouvert les lieux il y a une dizaine d'années déjà. Si vous acceptez d'embarquer pour des contrées musicales inconnues, vous êtes sûre de passer une excellente soirée jusqu'à 2h et plus. Sur place, vous trouverez une faune constituée de musiciens venus soutenir leurs copains, de plasticiens qui collent des affiches bizarres sur les murs jaunis et des oiseaux de nuit en tous genres, venus faire la fête et tchatcher avec leurs voisins de la table d'à côté.

L'International

5-7, rue Moret, 11e • M° Ménilmontant • Tél. 01 49 29 76 45
www.linternational.fr • Ouvert tous les jours de 18h à 2h
Demi : 3 € • Concerts gratuits

Musique ! Le concept de l'International ? 2 à 3 concerts gratuits par soir, une programmation variée et pointue de jeunes groupes, surtout rock. Depuis 2008, l'International, bar tout de béton vêtu, est devenu un lieu très recherché par ceux qui aiment s'éclater en sous-sol en dansant sur des sons furieux. On se croirait dans un garage transformé en club clandestin. Et si vous souhaitez juste profiter de la très bonne ambiance du lieu sans descendre dans la fosse aux lions, vous pouvez aussi rester au bar, bondé le week-end. Les prix des consommations y sont tout à fait raisonnables, ce qui ne gâche rien.

■ Clubs

Le Caveau de la Huchette

5, rue de la Huchette, 5e • M° Saint-Michel • Tél. 01 43 26 65 05 www.caveaudelahuchette.fr • Ouvert du dimanche au mercredi de 21h30 à 2h30 et du jeudi au samedi jusqu'à l'aube • Entrée : 12 € du dimanche au jeudi • Les vendredi, samedi et veille de fête : 14 € • Soft : 5 € • Boisson alcoolisée : à partir de 8 €

Rock'n'roll. Le Caveau existe déjà depuis 60 ans et pas une ride ! On s'y amuse toujours autant avec des concerts de jazz, swing et be-bop en première partie de soirée et la possibilité de danser le rock sur la piste toute la nuit le week-end. Si vous vous lancez, vous y trouverez des cavaliers hors pair qui vous feront virevolter à ne plus savoir où donner de la tête… Et pour celles qui n'aiment pas danser (vraiment ?), vous pourrez toujours siroter un verre aux côtés d'amateurs de jazz éclairés. L'ambiance est cosmopolite, car le caveau est situé au cœur de Saint-Michel, dans une rue hautement touristique. Ici, même la Parisienne pur jus se sentira un peu touriste dans sa ville, ce qui n'a rien de désagréable finalement. Il soufflera sur vous comme un petit air de vacances, de joie et de légèreté. Et la nuit passera très, très vite…

Favela chic

18, rue du Faubourg-du-Temple, 11e • M° République Tél. 01 40 21 38 14 • www.favelachic.com • Ouvert du mardi au jeudi de 20h à 2h, les vendredi et samedi jusqu'à 4h Cocktails : 9 et 10 €

Chaud ! Grand classique des nuits parisiennes, la Favela chic propose un cocktail explosif : une ambiance latino très *caliente*, un bon son mi-brésilien mi-électro, de savoureux petits plats exotiques et une cantine bric-à-brac avec des tables sur lesquelles on monte relativement vite après avoir siroté quelques mojitos bien dosés. Du coup, on transpire, on est tous très proches et les rencontres se font – comment dire ? – très naturellement…

La Chapelle des Lombards

19, rue de Lappe, 11e • M° Bastille • Tél. 01 43 57 24 24 www.la-chapelle-des-lombards.com • Ouvert du mardi au dimanche à partir de 23h30 • Dimanche, mardi et mercredi : entrée libre avec 1 consommation obligatoire • Jeudi : 8 € avec un soft et 12 € avec 1 verre d'alcool • Week-end : gratuit pour les filles avant 00h30

Ambiance exotique. Pour oublier le froid et la grisaille de Paris, la Chapelle des Lombards, l'un des temples des musiques tropicales à Bastille, est vraiment un bon plan. On y vient zouker, mais aussi danser sur de la salsa, du reggae, du R&B, du funk, de la dancehall... Pour la clientèle masculine qui vient souvent des îles (Antilles, La Réunion, Cuba...), le déhanchement sur la piste est une seconde nature tout comme le fait d'entraîner les filles à danser toute la nuit. Sur la piste et sur les banquettes, ambiance "Kolé Séré" et drague ouverte, sans tourner autour du pot. Parfait pour un plan "nuit de folie", peut-être un peu moins si vous souhaitez discuter philo avant tout rapprochement plus physique. Une chose est sûre : on ne s'ennuie pas à la Chapelle des Lombards.

Barrio Latino

46-48, rue du Faubourg-Saint-Antoine, 12e • M° Bastille Tél. 01 55 78 84 75 • www.buddha-bar.com (rubrique Barrio Latino) • Ouvert du lundi au jeudi de 12h à 2h jusqu'à 2h30, le vendredi et 3h le samedi• Cocktails : 12 € à 14,50 €

Muy caliente ! Ambiance tamisée, escalier grandiose, salsa endiablée au rez-de-chaussée, petites alcôves et mezzanine pour dîner : vous êtes au Barrio Latino, le bar latino le plus couru de Paris depuis de nombreuses années. Si vous voulez voir beaucoup de monde, danser très serré et vous déhancher pendant plusieurs heures, cet endroit est fait pour vous. Et qui sait, l'*amor pasional* vous attend peut-être à l'intérieur ! Attention, pour y rentrer le week-end, armez-vous de patience !

Et aussi…

Abracadabar

123, rue Jean-Jaurès, 19e • M° Laumière • Tél. 06 46 36 23 18
www.abracadabar.fr • Ouvert du lundi au mercredi
et le dimanche de 18h à 2h, les jeudi et samedi jusqu'à 5h
Demi : 2,80 € • Cocktails : 6 €

Des surprises ! Scènes ouvertes, concerts gratuits (souvent pop rock), spectacles d'improvisation, slam, expos, etc. On trouve de tout, chaque soir à l'Abracadabar, et cela attire tous les curieux de nouveautés et de découvertes !

Ambiances mâles

Le Corcoran's

→ *23, boulevard Poissonnière, 2e • M° Grands-Boulevards*
Tél. 01 40 39 00 16

→ *28, rue Saint-André-des-Arts, 6e • M° Saint-Michel*
Tél. 01 40 46 97 46

→ *53, rue du Faubourg-Saint-Antoine, 11e • M° Ledru-Rollin*
Tél. 01 49 28 92 10

→ *110, boulevard de Clichy, 18e • M° Blanche*
Tél. 01 42 23 00 30

www.corcorans.fr • Ouvert du lundi au vendredi de 11h30 à 2h
Happy hour *du lundi au vendredi de 17h à 20h : pintes et cocktails à 5 €*

Irish lovers. Si vous vous demandez sans cesse où sont les hommes à Paris, voici une adresse où vous êtes sûres d'en trouver. Ce pub irlandais typique décliné en 4 versions dans la capitale est Le lieu où se retrouvent les mâles, notamment les soirs de matchs de foot ou de rugby. Le problème ces jours-là, c'est d'attirer leur attention, entièrement happée par l'écran géant qui retransmet les matchs. Un conseil : apprenez les rudiments de base de ces 2 sports si vous voulez pouvoir tenir une conversation un peu suivie avec vos voisins de comptoir. En sous-sol, vous pourrez écouter des concerts de rock irlandais 3 ou 4 fois par semaine, une chope de bière à la main.

L'Alégria

17, rue Guisarde, 6e • M° Mabillon ou Saint-Germain-des-Prés
Tél. 01 43 29 40 90 • http://alegria-bar.com • Ouvert du lundi au samedi de 18h à 2h • Demi : 5,80 € • Cocktails : 8 €

Du muscle ! Une foule d'hommes et beaucoup de rugbymen bien baraqués se pressent ici (mais pas pour lire Proust !). Les filles sont une denrée rare dans ce bar aux tons roses et rouges, et elles y font toujours sensation ! Un écran géant retransmet les grands matchs.

Fiestas sur l'eau

Le Petit Bain

7, port de la Gare, 13e • M° Quai-de-la-Gare ou Bibliothèque-François-Mitterrand • Tél. 01 80 48 49 81 • www.petitbain.org
Ouvert du mercredi au vendredi de 12h à 14h et de 18h à 2h
Les samedi et dimanche de 12h à 2h • Concerts : entre 11 et 15 €
Carte petits baigneurs 5 spectacles : 40 €

Seine, *sex and sun.* Il fait bon faire un saut au Petit bain, une grande barge flottante sur la Seine depuis juillet 2011. On y trouve des concerts très variés qui valorisent le métissage culturel. En effet, la programmation propose aussi bien de l'African pop que des rythmes latinos, du rock indépendant, du hip-hop, de l'électro... Il existe aussi un restaurant, mais le vrai "plus" de ce lieu, c'est sa terrasse de 150 m² où l'on pratique à l'envie la farniente, surtout en été. On y passe le temps agréablement, une caïpirinha savamment dosée à la main, dans un décor délire écolo avec des baignoires transformées en jardinières de plantes aquatiques. Et si l'envie vous prend, faites un petit plongeon dans la piscine découverte Joséphine Baker toute proche. Ambiance plage sur ce terrain de chasse des séducteurs en goguette...

Wanderlust

32, quai d'Austerlitz, 13e • M° Quai-de-la-Gare ou Gare-d'Austerlitz
http://wanderlustparis.com • Ouvert du mercredi au samedi de 12h à 6h • Dimanche de 11h à 2h • Contact uniquement par mail, accessible sur le site

Tendance... C'est le dernier né des bars flottants sur la Seine. Depuis son ouverture en juin 2012 sur le site de la Cité de la Mode et du Design, le Wanderlust concentre tous les espoirs de nombreux noctambules parisiens en quête de folles soirées pouvant enfin rivaliser avec celles de Barcelone, Londres ou New York. Il est vrai qu'avec sa terrasse de 1 600 m², son décor incroyable en forme de grand serpent vert fluo se reflétant sur la Seine, son restaurant et son club, le lieu attire la curiosité. C'est pourquoi la file d'attente à l'entrée est souvent interminable et demande beaucoup de patience. Sans garantie d'entrer pour autant, car les videurs sont particulièrement sélectifs, voire "porte de prison", mais c'est bien sûr toujours plus facile pour les filles ! À vous de voir si cette entrée en matière pas franchement sympa ne vous rebute pas trop. Sur place, vous trouverez une bonne programmation musicale, une ambiance clubbing assez trendy et des événements intéressants tels que des performances et des projections, en collaboration avec le musée Galliera et l'Institut français de la Mode chaque vendredi.

Et aussi...

Le Batofar

Face au 11, quai François-Mauriac, 13e • M° Bibliothèque-François-Mitterand ou Quai-de-la-Gare • Tél. 01 53 60 17 00
www.batofar.org • Entrée : de 5 à 15 € selon les concerts et soirées • Bière : 5 € • Cocktails : 10 €

Un phare sur la Seine. Péniche avec concerts, club, terrasse et restaurant. Musique électro, hip-hop, rock, world...

La Dame de Canton (ex-Guinguette pirate)

Face au 11 quai François-Mauriac (juste à côté du Batofar), 13e
M° Bibliothèque-François-Mitterrand ou Quai-de-la-Gare
Tél. 01 53 61 08 49 • www.damedecanton.com
Ouvert du mardi au samedi • Concerts : 5 à 10 €

Exotique. Une jonque chinoise avec des concerts variés, une piste de danse, une terrasse, un restaurant. Tous styles de musique : afro pop, rock, électro, hip-hop...

Les after : drague jusqu'au bout de la nuit

Après une longue soirée à danser, vous vous apprêtez à rentrer chez vous bredouille, sans un seul nouveau "06" dans votre répertoire de contact. La petite déprime vous guette. Ne restez pas sur cette impression. Finissez la nuit en beauté dans les meilleurs afters de la capitale ! Et sait-on jamais, la chance pourrait peut-être tourner au moment où vous vous y attendez le moins…

Chez Carmen

53, rue Vivienne, 2e • M° Richelieu-Drouot
Tél. 01 42 36 45 41 • Ouvert tous les jours de minuit à 11h • Demi : 6 €

Décalé. Ce tout petit boui-boui reste une véritable institution des nuits parisiennes alors que son heure de gloire date du temps où la célèbre boîte gay "le Scaramouche" existait encore, dans les années 1970 et 1980 et où les travestis avaient pour habitude d'y terminer leurs folles nuits. Aujourd'hui, Chez Carmen attire une faune bigarrée, gay et hétéro, des arsouilles venus cuver leur vin, mais aussi des étudiants qui apprécient le côté décalé du lieu, loin des bars branchés et aseptisés. Ici, c'est plutôt brut de décoffrage : un juke-box qui déverse les tubes ringards des années 1980 et 1990, des spots kitsch et une boule à facette au-dessus d'une minuscule piste de danse. Du coup, vu l'ambiance, l'étroitesse des lieux, l'heure (très) tardive (ne pas débarquer avant 3-4 h du matin) et le côté éclectique de la clientèle, on discute avec tout le monde, sans faire de manières : à cette heure-là, tout est permis.

Shannon pub

23, rue Bréa, 6e • M° Vavin • Tél. 01 43 26 34 70

Ouvert tous les jours de 18h à 5h • Pinte : 6 € • Cocktail : 13 €

Destroy. Alors que la plupart des bars de Montparnasse ferment leurs portes à 2h du matin, le Shannon est le refuge des oiseaux de nuit amateurs de rock'n'roll jusqu'à l'aube. Entièrement décoré avec des matériaux de récupération, ce pub déjanté vous accueille dans un décor surprenant, mi-sous-marin mi-vaisseau spatial, avec hublots, murs de métal remplis de boulons et de tuyauterie apparente. On y écoute à plein volume des tubes plutôt rock dans une ambiance très tamisée, voire franchement obscure. La bière coule à flot, les contacts se font facilement et très vite, tout le monde se connaît ! Allez-y en semaine pour apprécier vraiment les lieux, car le week-end, c'est blindé.

UNE PETITE FAIM AUX PETITES HEURES DE LA NUIT...

“La Poule au pot” accueille depuis près de 40 ans les noctambules jusqu'à 5h du matin, même le dimanche, dans un cadre typique de bistrot des années 1930 avec un immense zinc, des colonnes dorées et de belles banquettes rouges. Dans ce lieu à part, on déguste des plats simples et exquis de la gastronomie française et surtout la fameuse poule au pot revigorante avec son savoureux bouillon, servi dans une grande soupière en porcelaine. Le lieu attire les étrangers du monde entier venus satisfaire leur fantasme du vrai bistrot parisien et des stars dont le nom reste gravé près des banquettes : Nicoletta, Coluche, Julien Clerc, Charlotte Gainsbourg, mais aussi Mick Jaegger, Kate Moss et Daft Punk sont passés par là... Vos voisins ? Des paumés du petit matin, parfois ivres, mais toujours chics, comme dans la chanson de Brel. Oui, au fait, le restaurant n'est pas vraiment donné et il convient de ne pas venir fauché !

La Poule au pot

9, rue Vauvilliers, 1er • M° Les-Halles • Tél. 01 42 36 32 96

www.lapouleaupot.com • Ouvert du mardi au dimanche de 19h à 5h

Poule au pot Henri-IV : 25 €

Le Vieux Belleville

12, rue des Envierges, 20e • M° Pyrénées • Tél. 01 44 62 92 66
www.le-vieux-belleville.com • Ouvert du lundi au samedi

L'âme de Paris. Voilà une précieuse adresse pour toutes celles qui en ont assez des bars branchés aux ambiances aseptisées et qui veulent du vrai, du pur, de l'authentique ! Ici, on est accueilli au son de l'accordéon par Riton la Manivelle, Minelle ou encore Mimile et Jérôme, parmi les musiciens et chanteurs attitrés du lieu. Installé devant un verre ou un petit dîner, on se retrouve vite à chanter en chœur entre voisins de table. Toutes les grandes chansons du répertoire populaire y passent, de celles qui ont traversé les générations et qu'on connaît tous. L'âme de la môme Piaf rôde dans ce petit troquet qui n'existe pourtant que depuis 20 ans, mais symbolise tout le vieux Paris et l'ambiance populaire du Belleville d'antan, avec sa vie de quartier et ses bistrots à l'ambiance "grande famille". Évidemment, cette carte postale vivante attire aussi de très nombreux touristes étrangers – notamment des Japonais. Ce zeste d'exotisme dans cet univers très franco-français rend ce lieu à part encore plus sympathique ! Ici, on se sent tout de suite comme à la maison, un peu hors du temps, mais juste bien en somme. Idéal pour faire de vraies rencontres en partageant des moments simples et chaleureux.

CHANTEZ EN C(H)ŒUR !

Chanter à tue-tête des grands classiques de la variété avec les paroles photocopiées devant soi, attablée au café du coin : quoi de mieux pour se détendre et rigoler un peu ? Alors foncez le dimanche soir au Cinquante, un troquet jaune au look de café du village où tous les dimanches, tout le monde pousse allègrement la chansonnette devant Marcello, guitare à la main, perché sur un tabouret devant le comptoir. Une ambiance bon enfant où la bonne humeur est contagieuse, pour les fans de radio Nostalgie et pour tous ceux qui disent non au cafard du dimanche soir !

Le Cinquante

50, rue de Lancry, 10e • M° Jacques-Bonsergent • Tél. 01 42 02 36 83
Soirées "Marcello song system" le dimanche de 18h30 à 22h environ

---

Les bals ont la cote !

On le croyait mort et enterré, mais le grand bal populaire renaît de ses cendres ! Modernisé et rajeuni, le concept des soirées où l'on danse sur des musiques rétro, souvent avec orchestre en *live*, est revenu en force. À l'origine de ce succès, un besoin de convivialité et de simplicité, pour oublier le stress de la vie urbaine, le temps d'une soirée. Ça tombe bien pour les célibataires, car la piste de bal reste un grand classique des rencontres amoureuses... En plus c'est l'occasion de sortir les plus belles robes glamour et vintage, celles que vous n'avez jamais l'occasion de mettre, mais qui vous font rêver dans les vitrines. Alors oubliés les videurs pas cool et la froideur de certaines boîtes et vive les bals tradi revisités, où guincher en toute liberté !

La Java

105, rue du Faubourg-du-Temple, 10e • M° Goncourt ou Belleville
Tél. 01 42 02 20 52 • http://la-java.fr et http://lesmartine.free.fr
Entrée : 5 €, 10 € avec le CD du groupe

Bal des Martine. Le premier jeudi du mois, c'est la fête à la Java, avec le grand bal des Martine. Le concept : un orchestre déchaîné et très éclectique qui vous fait danser aussi bien sur des valses que de la salsa, des chansons italiennes, des musiques yiddish et même des slows, à l'ancienne !

Le grand bal de l'Élysée Montmartre

À La Machine du Moulin Rouge • 90, boulevard de Clichy, 18e
M° Blanche ou Place-de-Clichy • Tél. 01 53 41 88 89
http://www.elyseemontmartre.com • Entrée : 15 €

Golem. C'est l'acronyme du Grand Bal de l'Élysée Montmartre, créé en 1995, il est le plus connu de Paris et l'un des pionniers de la nouvelle vague de bals. 2 samedis par mois, il réunit 1 500 personnes de tous milieux, de tous les âges et dans une ambiance survoltée, chauffée par un orchestre de 10 musiciens sur scène. Pas de musette, mais plutôt les grands classiques des années 1970 et 1980. Au programme : Joe Dassin, Serge Gainsbourg, les Sex Pistols, Rita Mitsouko, Chuck Berry, les Beatles... Que du bon pour ce bal populaire où l'on s'amuse sans arrière-pensée.

La Bellevilloise

19-21, rue Boyer, 20e • M° Gambetta • Tél. 01 46 36 07 07
www.labellevilloise.com • Entrée : 5 à 12 € selon les bals

Popu chic. Dans cette superbe et ancienne coopérative ouvrière créée juste après la Commune où Jean Jaurès haranguait les foules, le grand bal populaire a repris des couleurs ! Et il y en a vraiment pour tous les goûts : bal créole avec ti punch et accras, milonga de tango argentin, grand bal swing avec cours d'initiation au lindy hop, bal irlandais, le *"baronne's ballroom"*, bal musette moderne organisé par la Baronne d'Paname, la grande dame à l'origine du renouveau des bals parisiens... Bref, la Bellevilloise le dimanche, c'est vraiment LE lieu où profiter de l'ambiance unique des nouveaux bals urbains dans un cadre exceptionnel : une immense salle avec parquet, une plus petite en sous-sol avec une scène de concert, une autre avec verrière et oliviers ainsi qu'une superbe terrasse romantique sur le toit qui offre une vue magnifique sur Paris. Que demande le peuple ?

Et aussi...

Le bal du dimanche à l'Alimentation générale

64, rue Jean-Pierre-Timbaud, 11e • M° Parmentier
Tél. 01 43 55 42 50 • www.alimentation-generale.net • Entrée : 5 €

Classiques revisités. Le dernier dimanche du mois, le balnum de Ménilmontant est organisé par la Baronne d'Paname sous le signe du métissage culturel et musical. Au programme : Gainsbourg à la sauce africaine, Joe Dassin en version orientale, Fréhel en techno...

Le 104

5, rue Curial, 19e • M° Riquet ou Stalingrad • Tél. 01 53 35 50 00
www.104.fr • Entrée gratuite

Musette ! Un samedi par mois, le "bal pop'" du 104 sort les lampions, les guirlandes et la buvette pour une ambiance musette, java et tango, avec l'ambition de dépoussiérer l'image du bal. Et c'est gratuit !

Le P'tit Bal perdu au Studio des Rigoles

46, rue des Rigoles, 20e • M° Jourdain • Tél. 06 35 28 35 90
www.leptitbalperdu.com • Entrée : 10 € avec une consommation
Entrée : 5 € pour les étudiantes, sans consommation

Brazil ! Le vendredi soir, on y danse le forro, une danse à 2, du nord-est du Brésil. Vous pouvez prévoir de prendre un cours d'initiation à 21h avec Marion Lima et la compagnie du P'tit Bal perdu. À 22h30, on danse avec un orchestre en *live*, puis un DJ jusqu'à 2h.

Les cafés cosy

Pour celles qui préfèrent les cafés calmes aux ambiances douces...

Le Fumoir

6, rue de l'Amiral-Coligny, 1er • M° Louvre-Rivoli
Tél. 01 42 92 00 24 • www.lefumoir.com • Expresso : 2,70 € •
Thé : 4,50 € • Cocktails : 10 € • Happy hour *de 18h à 20h,*
cocktails : 7 €

Chic. Face au Louvre, ce superbe et vaste bar à la décoration coloniale attire tous les yuppies du quartier. Ils y sirotent tranquillement un cocktail dans une ambiance tamisée, confortablement installés dans des fauteuils Chesterfield, en feuilletant une revue, des journaux où l'un des 3 000 ouvrages à disposition dans la bibliothèque. Entre 15h et 19h, on peut y échanger ses livres contre ceux disponibles sur place. Et à l'heure de l'apéritif, ce sont des regards langoureux que l'on échange entre les tables avec les avocats, universitaires, hommes d'affaires et autres webdesigners venus se détendre ici après une dure journée de travail. Une ambiance exotique et chic et un cadre d'exception pour se faire un vrai film, dont nous sommes l'héroïne bien sûr !

La Belle Hortense

31, rue Vieille-du-Temple, 4e • M° Hôtel-de-Ville ou Saint-Paul Tél. 01 48 04 71 60 • www.cafeine.com • Ouvert tous les jours de 17h à 2h • Verre de vin : 5 à 8 €

Des livres et du vin. Ce café-librairie est un petit havre de paix dans l'effervescence du Marais. On vient y commander un verre de bon vin au comptoir et choisir dans la librairie un livre intéressant à feuilleter sur les banquettes de la très agréable arrière-salle. On trouve chez La Belle Hortense de nombreux habitués avec qui il est simple et naturel d'engager la conversation, sur Baudelaire ou sur le goût exquis de ce bon bordeaux que l'on vient de commander. L'ambiance littéraire, calme et cosy en fait un lieu vraiment à part dans la capitale. Sans oublier les lectures-dégustations qui y sont régulièrement organisées pour le plaisir des mots et des papilles.

La Fourmi ailée

8, rue du Fouarre, 5e • M° Saint-Michel ou Maubert-Mutualité Tél. 01 43 29 40 99 • www.parisresto.com • Ouvert tous les jours de 12h à 23h • Café : 1,90 €

Feutré. Tout près de Notre-Dame se trouve ce charmant restaurant-salon de thé construit sur le site d'une ancienne librairie, avec des étagères de livres, un très haut plafond, des banquettes confortables et une vraie cheminée. On peut y déjeuner, y dîner et aussi y déguster l'un des 34 thés proposés à l'heure du goûter. On s'y sent vraiment comme dans un cocon, surtout en hiver quand il fait froid dehors et que la cheminée crépite. Une ambiance intimiste en dehors des heures de repas qui invite à la lecture et à l'écriture de son journal intime… Si on arrive à ne pas se laisser distraire par ce charmant brun frisé aux yeux verts au regard furtif derrière son ordinateur toutes les 2 min ! Et ce groupe d'Espagnols venu se désaltérer après la visite de Notre-Dame, assis à la table juste à côté, dont l'un nous demande ce que veut dire "fondant" au chocolat… Bon allez, on reprendra la rédaction de nos mémoires plus tard !

Les Salons du Panthéon

13, rue Victor-Cousin, 5e • M°Cluny-la-Sorbonne ou RER Luxembourg
Tél. 01 56 24 88 80 • www.whynotproductions.fr
Ouvert du lundi au vendredi de 12h30 à 14h30 pour le déjeuner
Salon de thé ouvert de 15h à 18h30 • Café : 3 €

VIP. À deux pas de la Sorbonne, à l'étage du cinéma indépendant "Le Panthéon", se cache l'un des cafés les plus élégants et agréables de Paris, dont la décoration a été conçue par... Catherine Deneuve elle-même, excusez du peu. Un loft de 150 m^2 où l'on se cale confortablement dans de grands fauteuils ou sur des canapés, un bouquin sur le 7e art à la main que l'on vient de trouver dans la bibliothèque du café. C'est un peu comme dans un film d'Alain Resnais ou d'Arnaud Desplechin. Tous les jeunes intellos du quartier sont là, alors si vous rêvez de rencontrer un Jules étudiant en cinéma, scénariste ou travaillant dans une boîte de prod, c'est ici qu'il faut être. Préférez l'heure du thé pour plus de calme et de possibilités de rapprochements. "Tiens ! Vous avez trouvé ce livre sur David Lynch dans la bibliothèque ? C'est justement celui que je cherchais. Vous me le prêtez après ?"... Et pourquoi pas se faire une petite séance ensemble en bas, puisqu'ils font justement une rétrospective du réalisateur cette semaine ?

Spots à pique-niques romantiques

Il existe des endroits dans la capitale où il fait bon s'asseoir et traîner pour observer les passants, l'air de rien, voire même se laisser gentiment aborder…

Pont des Arts

À l'heure de l'apéro, venez avec des copines et votre pique-nique et installez-vous sur le pont. Juste à côté, une bande de copains a oublié de prendre un tire-bouchon. Qu'à cela ne tienne, vous leur prêtez le vôtre et vous trinquez tous ensemble. C'est si simple de faire connaissance ! Les quais alentours sont également très prisés et romantiques.
Mâles à disposition : étudiants, trentenaires célibataires et sans enfants, artistes…

Les pelouses de la Cité de la Villette

Très animée notamment pendant l'été (cours de yoga collectifs, foot d'intermittents) et bien sûr les soirs de projections de cinéma en plein air où l'on s'extasie sur des transats ou sous des couvertures devant des chefs-d'œuvre du 7e art. Attardez-vous une demi-heure avant la séance pour prendre un verre au Café de la musique : idéal pour repérer à côté de qui vous allez poser vos fesses pendant 2 h.
Mâles à disposition : étudiants, cinéphiles fauchés, père célibataire (ses enfants sont en colo)…

La pelouse des Invalides

Quand viennent les beaux jours, il fait bon y paresser le dimanche après-midi, allongée sur la pelouse, un livre à la main. On y regarde passer rollers, vélos, footballeurs, touristes…
Mâles à disposition : sportifs, touristes, jeune BCBG…

Le jardin des sculptures du quai Saint-Bernard

De mai à septembre, c'est la fête sur les quais entre l'Institut du monde arabe et le jardin des Plantes. Dans les petites arènes face à la Seine, on s'assoit et on regarde les gens danser le rock, la salsa, le tango et même la bourrée auvergnate. Quand soudain, un inconnu vous entraîne sur la piste...

Mâles à disposition : très éclectique selon les styles de danse et la musique. Jules danseurs, fêtards et bons vivants...

Le Jardin du Luxembourg

Une institution de la drague à Paris. Si vous n'êtes a priori pas contre, installez-vous sur les chaises en fer forgé près du bassin principal, feignez de lire et au bout de quelques minutes, comme par enchantement... on viendra vous parler. Aucune garantie sur l'élégance de l'approche, mais comme les séducteurs du "Luco" sont nombreux, vous aurez de quoi comparer.

4

Trouvez un Jules à votre goût

Même si les contraires s'attirent souvent, on le sait, rien de tel que de trouver un Jules qui partagera les mêmes passions que vous. Lire, faire du roller ou du bénévolat... autant de futures pierres angulaires de votre entente et d'occasions de rencontrer un mec sur mesure.

... un Jules à fort QI pour jouer avec les idées dès potron-minet

Rencontres et débats "Autrement"

Dans différents lieux à Paris et en banlieue, plusieurs fois par mois, en soirée • http://rencontres-et-debats-autrement.org
Débats philo gratuits • Théâtre-débat : 10 € • Ciné-débat : 6 €
Inscriptions, programme et infos sur le site

Remue-méninges. Vous avez envie de rencontrer de grands philosophes et des auteurs contemporains pour débattre avec d'autres curieux comme vous des sujets de société actuels ? Rendez-vous aux rencontres et débats "Autrement". Autour de thèmes d'actualité aussi divers que le malaise au travail, le rôle de la philosophie en temps de crise, les OGM ou la guerre des sexes, Brit, politologue, et son acolyte Christian organisent des discussions avec des penseurs prestigieux comme Edgar Morin, Michel Onfray, Susan George, Serge Tisseron... Gratuits et accessibles à tous, ces débats très bien conçus commencent par une introduction sur le sujet et la pensée de l'invité, puis un bref exposé de celui-ci avant d'ouvrir le débat avec le public pendant 1 heure. C'est le moment de repérer dans la salle votre philosophe ténébreux préféré, à la mèche rebelle... Et si vous ne le rencontrez pas aux débats, vous pourrez peut-être vous rattraper au théâtre-débat et ciné-débat également organisés par Brit et Christian, toujours avec le même souci de créer des échanges à la fois accessibles et de qualité.

Café des Phares

7, rue de la Bastille, 4e • M° Bastille • Tél. 01 42 72 04 70
www.cafe-philo-des-phares.info • Ouvert le dimanche matin
Entrée gratuite

Café-philo. Une trentaine de personnes se retrouve chaque dimanche autour d'un café-crème pour débattre de sujets divers et variés tels que "Comment la pensée peut-elle s'établir ?", "Quel sens donner à l'indignation ?", "Faut-il avoir peur de la science ?" et bien d'autres encore... Le café des Phares est le premier café-philo au monde, celui qui a lancé la mode il y a 20 ans déjà. Depuis, les cafés-philo se sont multipliés à Paris et ailleurs, faisant toujours plus d'adeptes de tous horizons, mais celui-là reste une référence. Il y règne un esprit de liberté et le goût de la discussion ouverte à tous. Un lieu idéal pour faire des rencontres en discutant à bâtons rompus.

Séminaires philosophiques de Charles Pépin

MK2 Hautefeuille • 7, rue Hautefeuille, 6e • M° Odéon
Tél. 08 92 69 84 84 • www.mk2.com • Ouvert le lundi à partir de 18h • Entrée : 15 € • Entrée étudiants : 9€

Métaphysique. Conférences philo "Comment savoir ce à quoi nous aspirons vraiment ?", "Peut-on aimer sans se perdre ?", "Qu'est-ce qu'un véritable ami ?" : voici quelques-uns des thèmes du séminaire animé par le jeune et très médiatique philosophe Charles Pépin, agrégé de philosophie, professeur à Sciences-Po, chroniqueur à *Psychologies, Philosophie magazine* et naguère à l'émission de télévision à succès "En aparté", sur Canal +. Un séminaire ouvert au grand public dans une salle de cinéma qui sort la philosophie des amphis... et ça décape !

L'Entrepôt

7-9, rue Francis-de-Pressensé, 14e • M° Pernety • Tél. 01 45 40 07 50
www.lentrepot.fr • Ouvert tous les jours de 9h à minuit
Restaurant-bar ouvert de 12h à 14h30 du lundi au samedi, de 11h45 à 14h45 le dimanche et tous les jours de 19h à 23h
Impros un dimanche sur deux de 18h30 à 20h30 • Slam session le premier mardi du mois à partir de 20h30 • Entrée gratuite

Incontournable. L'Entrepôt est un espace culturel bien connu de tous les curieux. Normal : il se passe toujours quelque chose ici : matchs d'improvisation théâtrale, concerts, sessions de slam, projections, conférences-débats, ateliers d'écriture, ciné-club... Tout est bon pour se retrouver dans un lieu vaste et accueillant avec bar, salle, restaurant et même un petit jardin au fond, plein de charme. On y rencontre des habitants du 14e, mais pas seulement, car ce lieu attire les artistes du tout Paris qui viennent s'essayer à des scènes ouvertes, où ils viennent avec tous leurs copains pour les encourager. Résultat : des soirées survoltées où l'on rit beaucoup, on applaudit et on se sourit très facilement. C'est tout simple, mais dans un environnement urbain où le stress est roi, ça fait vraiment du bien !

... un Jules aventurier

Cafés de l'Aventure

Zango • 15, rue du Cygne, 1er • M° Étienne-Marcel
Tél. 01 40 26 27 27 • www.zango.fr • www.societe-explorateurs.org
Rencontres de la Guilde et de la Société des explorateurs français le 1er mardi du mois à partir de 20h • Entrée gratuite
Programme sur demande à aventure@la-guilde.org

Récits de voyages. Vous aimez les voyages et le look routard vous séduit ? Vous rêvez de rencontrer les grands explorateurs d'aujourd'hui ? Les cafés de l'aventure au Zango sont faits pour vous. Entièrement dédié au voyage, ce café-restaurant propose une petite cuisine exotique pas désagréable et une collection de 250 guides, revues spécialisées et cartes du monde consultables sur place, à l'étage. C'est là que se déroulent les rencontres organisées par la Société des explorateurs français et la Guilde, une ONG qui envoie notamment chaque année 400 jeunes bénévoles dans le monde pour des missions éducatives, culturelles et sociales. Une fois par mois, des auteurs voyageurs sont invités à parler de leurs ouvrages et de leur expérience à travers leurs voyages. Toutes les régions du monde sont abordées sous des angles variés : géographie, société, cuisine, traditions, art... Une très belle occasion de débattre avec de vrais explorateurs, mais aussi de rencontrer des passionnés d'aventure comme vous. Arrivez avant 21h, la salle se remplit très vite !

Cafés-géo

Café de Flore • 172, boulevard Saint-Germain, 6e
M° Saint-Germain-des-Prés • Tél. 01 45 48 55 26
www.cafe-geo.net • Ouvert le dernier mardi du mois
à partir de 19h30

Refaire le monde. Si vous êtes passionnée par la géopolitique et fan d'actu, vous avez sûrement envie de retrouver d'autres personnes pour échanger vos points de vue, et qui sait... rencontrer celui qui vous laissera absolument bouchée bée par ses connaissances. Alors n'hésitez pas à aller faire un tour au Café de Flore, où se déroulent une fois par mois des rencontres-débats organisés par l'association des cafés géographiques. Ouverts à tous, ils sont animés par de grands reporters, des journalistes spécialisés, des chercheurs au CNRS, des universitaires, des historiens ou des membres d'ONG... Ils traitent de sujets extrêmement variés qui touchent souvent à l'actualité et donnent des clés pour analyser les grands changements de notre monde. Passionnant !

... un Jules engagé

Groupe SOS

Conférences-débats dans différents lieux à Paris

www.groupe-sos.org • Le mardi à 19h • Entrée gratuite

Rencontres solidaires. Depuis sa création il y a 25 ans, le Groupe SOS s'est engagé dans les domaines de la Santé, de l'Éducation, de l'Insertion, du Logement, du Handicap ou du Commerce équitable. Partant du constat que les initiatives de l'économie solidaire ne sont pas encore assez connues du grand public. Le Groupe SOS propose tous les mardis soirs des rencontres-débats avec des femmes et des hommes qui développent des solutions concrètes pour aller vers un monde plus juste. Chaque année, 30 rencontres sont ainsi organisées dans des cafés et lieux associatifs à Paris autour de sujets divers : le microcrédit, l'agriculture et le développement durable, l'écohabitat, les coopératives... Des idées originales, des discussions, des rires et des "coups de gueule", le tout dans une ambiance très conviviale, propice aux rencontres intéressantes.

Cafés humanitaires

Au Snax Kfé • 182, rue Saint-Martin, 3ᵉ • M° Rambuteau ou Étienne-Marcel • Tél. 01 40 27 89 33 • www.cafehumanitaire.org

Ouvert un lundi soir par mois

Pour la bonne cause. Si vous cherchez un Jules pour vous accompagner en mission humanitaire en Afrique, vous avez toutes les chances de le trouver au Snax Kfé lors des cafés humanitaires. Ces rencontres-débats invitent des membres d'ONG, des experts internationaux, des journalistes et des chercheurs à discuter des grands enjeux humanitaires ou des crises actuelles. L'action humanitaire y est analysée, critiquée et détaillée dans tous ses grands champs d'action. Ces rendez-vous réunissent des personnes prêtes à s'engager en toute conscience, juste comme vous.

... un Jules mélomane

L'Écho râleur

Tél. 06 79 81 85 16 • www.echoraleur.com
Cotisation annuelle : 10 €

Rock'n'chorale ! L'Écho râleur est une rock'n'chorale complètement déjantée et ouverte à tous. Une fois par semaine environ, les 40 heureux choristes chantent *a cappella* dans les cafés, les fêtes de quartier, mais aussi sur des grandes scènes de concerts, dans les prisons ou à l'occasion de divers événements festifs. En presque 25 ans d'existence, la chorale a croisé sur scène des artistes tels que Jacques Higelin, Jean-Louis Aubert, les Rita Mitsouko, les Garçons Bouchers ou encore Zebda... Partout, l'Écho râleur met une ambiance de feu qui fait sa marque de fabrique et attire le public. Mais la chorale est restée avant tout une bande d'amis sans cesse renouvelée pour qui l'essentiel est d'apporter son énergie, sa bonne humeur et sa capacité à faire la fête. Pour autant, faire partie de l'Écho râleur demande un engagement réel et un travail soutenu avec plusieurs répétitions par semaine. Ambiance potache et délirante pour rencontrer des mélomanes qui ne se prennent pas trop au sérieux. Ouf !

The Voice of Freedom

22, rue des Archives, 4e • M° Hôtel-de-Ville • Tél. 01 34 90 05 85
www.the-voice-of-freedom.com • Répétitions tous les mardi soir et un week-end par trimestre • Cotisation annuelle : 210 €

Oh happy days ! Vous chantez sous votre douche et vous préférez les rythmes festifs aux chœurs classiques ? Vous avez envie de partager votre passion ? Entrez dans une chorale gospel ! Celle-ci, créée il y a 20 ans, compte 70 chanteurs et se consacre exclusivement au Negro spiritual et au Gospel. La chorale accueille régulièrement de nouveaux amateurs en organisant des auditions. Mais rassurez-vous, pas besoin de savoir lire la musique, il suffit d'avoir un bon sens du rythme, d'être capable de chanter en anglais et juste. Un travail personnel est ensuite demandé pour assimiler le répertoire, car 8 à 10 concerts par an sont prévus ainsi que des participations à des manifestations de solidarité. Et vos dimanches ne seront plus jamais les mêmes !

Les Ateliers du Chaudron

31, passage de Ménilmontant, 11ᵉ • M° Saint-Maur ou Ménimontant • Tél. 01 43 61 17 17 http://ateliersduchaudron.free.fr • Cotisation annuelle : 18 € Séance de 3h avec le Jazz band : 30 € • Forfait trimestriel : 16 € environ la séance de 2h • Tarifs réduits

Vibrez jazz. Vous avez le jazz dans la peau et vous aimez quand ça swingue ? Pourquoi ne pas faire partie d'un orchestre de jazz avec d'autres mordus comme vous ? C'est vraiment simple aux ateliers du Chaudron, une association du quartier Ménilmontant, autrefois installée à la Cartoucherie de Vincennes. Musiciens confirmés et amateurs débutants s'y côtoient aux répétitions du "Ménilmontant street band" dans une ambiance détendue, conviviale et éclectique. Cet orchestre de jazz participe à de nombreux spectacles et fêtes du quartier et accompagne aussi de temps en temps les comédiens de l'atelier théâtre. Tout le monde est accepté dans le groupe : il suffit de venir avec son instrument. Vous pouvez aussi prendre des cours à l'année pour vous initier à l'improvisation jazz avec le saxophoniste Steve Potts ou chant jazz avec Morena Fattorini. Ici, vous l'aurez compris, ça bouillonne !

Et aussi...

Archange gospel

www.archangegospel.fr

Black music school

www.blackmusicschool.net

Voices Chœur international

www.voices-paris.com

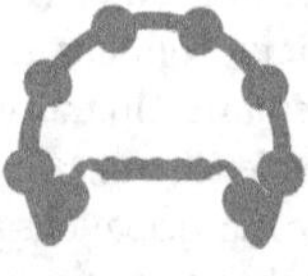

... un Jules danseur

École de tango La Boca

L'Atelier • 10, rue du Cygne, 1er • M° Étienne-Marcel ou Les Halles
Tél. 06 79 53 96 04 ou 01 44 54 99 08 • www.sebastianyandrea.com
Cotisation annuelle : 400 €, 350 € pour les étudiants
Cotisation trimestrielle : 260 €, 200 € pour les étudiants.

Chaleur argentine. Tango rime avec glamour, élégance et sensualité. Alors un homme qui danse le tango, a priori c'est toujours intéressant, non ? D'autant qu'à Paris, vous avez un grand choix de bals pour partir à la rencontre de votre *tanguero* préféré. Mais attention, mieux vaut passer par la case "cours" avant de vous lancer effrontément sur la piste, car cette danse exquise demande un certain apprentissage et une forte motivation. Ça tombe bien, à Paris, il y a Sebastian Misse et Andrea Reyero, un couple de danseurs argentins internationalement reconnu, installé depuis plus de 10 ans. Dans le quartier des Halles, où est située leur école de tango "La Boca" (du nom d'un quartier fameux de Buenos Aires), c'est un petit coin d'Argentine qui vous attend, avec l'accent ! On y apprend à maîtriser son équilibre, développer la précision de ses pas et l'élégance de sa posture, sans oublier le plus important : l'*abrazo* : une étreinte, intime et intense. Un très beau programme !

Et aussi...
www.tango-argentin.net pour l'agenda des bals tango et des annonces de cours et de stages.

École des danses latines et tropicales

40, rue de Cîteaux, 12e • M° Faidherbe-Chaligny
Tél. 01 43 72 26 26 • www.salsadanse.com
Carte de 10 cours : 130 € • Cotisation forfaitaire : 15 €

Viva la salsa ! Quoi de mieux que les rythmes latinos sexy et entraînants pour rapprocher même les plus timides ? Ici l'ambiance est *caliente* à l'école des danses latines et tropicales. Un public de tous horizons s'y réunit régulièrement pour un moment de détente avec la garantie de pouvoir danser un peu dès le premier cours. En effet, la salsa s'apprend relativement rapidement – du moins pour les pas de base ! – et vous pourrez commencer à n'importe quel moment de l'année. Au fait, si vous ne savez pas à quelle *salsa* vous allez être mangée, sachez que la cubaine est la plus facile à apprendre et que la portoricaine est plus sophistiquée. Dans tous les cas, cette danse légère vous donnera des ailes et vous rendra plus attirante que jamais. Alors n'hésitez pas à jouer le jeu à fond !

Cours de lindy hop
Association Brotherswing
Feeling Dance Factory

28, quai de l'Aisne • 93500 Pantin • M° Hoche ou Église-de-Pantin
www.brotherswing.com ou sur Facebook • Cotisation annuelle :
290 €, 230 € pour les étudiantes, 260 € pour les chômeuses
Stage mensuel d'initiation de 2h : 15 €

Rock antique. Si vous ne connaissez pas le lindy hop – ou tout simplement "lindy" pour les initiés – sachez qu'il s'agit d'un ancêtre du rock, né avec le jazz des big bands aux États-Unis dans les années 1930. Ses mouvements chaloupés, très swing, mêlés à certains pas de charleston, donnent à cette danse bondissante une grande liberté et un côté joyeux et léger, totalement euphorisant. Le lindy hop se pratique à deux, sur des musiques au rythme parfois endiablé, parfois lent, mais qui mettent toujours de très bonne humeur ! Surfant sur la vague rétro, cette danse encore peu connue du grand public attire de plus en plus d'adeptes dans la capitale. L'association Brotherswing est l'un des plus grands promoteurs du lindy hop à Paris, représentée par un jeune couple délicieusement rétro : Paulo et Mélanie. Lui, petite moustache taillée à la Clark Gable et cheveux gominés. Elle, queue de cheval qui vole au vent et pantacourt laissant voir les chevilles. Ensemble, ils proposent des cours tous niveaux, organisent des stages mensuels et deux bals par mois précédés de cours d'initiation gratuits, ainsi qu'un gros festival de 3 ou 4 jours par an. Et que ça swingue !

... un Jules sportif à la cool

■ Un randonneur

Randonneurs d'Ile-de-France (RIF)

92, rue du Moulin-Vert, 14e • M° Plaisance • Tél. 01 45 42 24 72
www.rifrando.asso.fr et http://nw.rifrando.asso.fr/
Cotisation annuelle : 58 € (gratuit pour les – de 30 ans)
Cotisation annuelle couples : 88 € (– de 30 ans : 72 €)
Entrée : 12 € (gratuite pour les – de 30 ans)

Énergique. Une association de randonnée classique mais qui propose aussi des randonnées "nordiques". Toute la différence est dans l'utilisation de bâtons qui propulsent et font gagner en vitesse. Un sport très efficace pour une bonne remise en forme, autant que le ski de fond et la natation. Parmi la centaine de randonnées quotidiennes organisées mensuellement, les Randonneurs d'Ile-de-France (RIF) proposent une quinzaine de marches nordiques de 2h et 4h30. Des randonnées d'initiation sont aussi organisées sur réservation, avec location de bâtons (5 €). Après adhésion au RIF, les randonnées sont gratuites, mais il faut juste se munir de bâtons homologués "marche nordique". Un petit investissement qui en vaut la peine, puisque vous serez alors régulièrement entourée de marcheurs infatigables, dont le planter de bâton vous laissera baba.

Comité départemental de randonnée pédestre de Paris

35, rue Piat, 20e • M° Pyrénées • Tél. 01 46 36 95 70
www.rando-paris.org • Le 3e jeudi du mois • Gratuit

Paris à pied. Des randonnées thématiques variées, entièrement gratuites et sans inscription dans Paris intra-muros, c'est le principe génial des Panamées, organisées par le Comité départemental de Randonnée pédestre de Paris. Le troisième jeudi de chaque mois, de 19h à 22h, des encadrants bénévoles proposent de découvrir Paris autrement. Au programme : les vignes, la Révolution et Paris, les villas et les squares, l'eau dans Paris, la mode... Ces parcours de 7,5 km attirent souvent plus de 400 personnes, dont 30 % de Parisiens. L'occasion de rencon-

des personnes de tous horizons tout en randonnant dans Paris, le temps d'une soirée pas comme les autres. Bon à savoir : ce comité regroupe 38 associations parisiennes qui organisent chacune de nombreuses randonnées, sur adhésion payante (liste à consulter sur le site Internet).

Et aussi…

Comité Ile-de-France de la Fédération française de randonnée

67, rue Vergniaud, Hall I, 13e • M° Glacière ou Corvisart

Tél. 01 48 01 81 51 • http://idf.ffrandonnee.fr

Visites sur rendez-vous uniquement

Ce comité coordonne tous les comités départementaux d'Ile-de-France.

■ Un fan de roller

Pari roller et Rollers & Coquillages

www.pari-roller.com • Randonnée le vendredi soir : gratuite

Départ : gare Montparnasse à 21h30 • Durée : 3h30

www.rollers-coquillages.org • Randonnée le dimanche : gratuite

Départ : place de la Bastille à 14h30

Roulez des patins. Ça vous dit de faire des rencontres tout en roulant sur le pavé parisien ? Rien de plus simple avec les randonnées rollers. Attraction insolite à leurs débuts, elles font maintenant totalement partie du paysage, en 15 ans d'existence. Le vendredi soir ou le dimanche, ils sont plusieurs milliers à glisser sur le pavé en toute liberté dans une ambiance joyeuse et bon enfant. Alors pourquoi pas vous ? Il vous suffit de venir avec vos rollers au point de rendez-vous. Pour les novices et débutants ayant quelques notions de freinage, la plus adaptée est la randonnée Rollers & coquillages du dimanche après-midi. Cependant, l'ambiance y est souvent plutôt familiale. Celle du vendredi soir est plus jeune, mais elle est réservée aux fans de roller expérimentés, puisqu'elle comporte des difficultés techniques et de longues descentes, sensations fortes garanties…

■ Un patineur

Club des Français volants

8, boulevard de Bercy, 12e • M° Bercy • Tél. 01 40 02 60 16
www.francais-volants.org

Le feu sous la glace. La patinoire, ça vous rappelle peut-être des souvenirs d'enfance ? Sachez que le week-end, la patinoire Sonja-Henie se transforme en véritable discothèque avec DJ, écrans géants et spotlights. L'ambiance y est moins familiale et on y vient autant pour patiner que pour y rencontrer des compagnons sur glace… Bon, si vous ne vous sentez pas au top de la séduction en équilibre précaire sur vos patins à glace, passez d'abord par la case "cours" sur place, avec le Club des Français volants. Et à vous les joies de la glisse !

Patinoire Sonja-Henie
Palais Omnisport de Paris-Bercy (POPB)

8, boulevard de Bercy, 12e • M° Bercy • Tél. 01 40 02 60 67
www.bercy.fr/patinoire • Ouvert du mercredi au dimanche jusqu'à 18h et les vendredi et samedi jusqu'à 00h30
Entrée journée : 4 € • Entrée nocturne : 6 € • Location de patins : 3 € • Abonnements 10 entrées haute saison journée : 34 €, 51 € pour les nocturnes • Abonnements 10 entrées basse saison journée : 26 €, 43 € pour les nocturnes

Et aussi…

Patinoire Pailleron

32, rue Édouard-Pailleron, 19e • M° Bolivar • Tél. 01 40 40 27 70
www.pailleron19.com

Patinoire de Boulogne-Billancourt

1, rue Victor-Griffuelhes • 92100 Boulogne-Billancourt
M° Marcel-Sembat • Tél. 01 46 08 00 88
www.patinoireboulogne.com

... un Jules comédien

Les Ateliers de l'impro

35, rue Saint-Roch, 1er • M° Pyramides • Tél. 06 62 52 61 66
www.ateliers-impro.fr • Forfait annuel : 595 € • Cours d'essai : 17 € (déduits si inscription à l'année) • Possibilité de stages mensuels
Lieux à consulter sur le site Internet

Délire collectif. L'improvisation théâtrale est un art à part entière, mais aussi et surtout une belle opportunité pour se lâcher, laisser son imaginaire s'exprimer en groupe et s'assurer de beaux fous rires. Bien sûr, pour parvenir à créer de vrais personnages et des situations théâtrales de façon instantanée, il faut d'abord développer le sens de l'écoute, la bonne gestion de son énergie, l'esprit d'équipe, la confiance en soi, la maîtrise de sa gestuelle et des techniques pour stimuler son imaginaire et scénariser des situations. Tout cela s'apprend progressivement aux Ateliers de l'Impro. À la fin de l'année, les élèves jouent un spectacle d'improvisation sur des thèmes décidés au pied levé par le public. Ici, pas de compétition : juste une bonne dose d'énergie et beaucoup de rires. Vraiment génial pour se libérer de toutes ses inhibitions et partager des moments plein d'émotions avec un groupe. Et plus si affinités !

Et aussi...

Ligue d'improvisation française professionnelle Ile-de-France/Paris (LIFI)

86, rue de Charonne, 11e • M° Charonne • Tél. 01 43 70 30 30
www.laliguedimpro.com • Organise des ateliers et des matchs d'improvisation entre différentes équipes

Cours Simon

14, rue de la Vacquerie, 11e • M° Voltaire • Tél. 01 43 79 72 01
www.cours-simon.com • Cours amateurs adulte : samedi et dimanche matin et lundi soir • Cotisation : 135 €/mois

Brûlez les planches. Le théâtre, contrairement aux idées reçues, ce n'est pas que pour les extravertis. Au contraire, nombre de comédiens avouent qu'ils ont appris à se lâcher grâce à l'art dramatique. Alors si vous êtes un peu timide, mais que vous rêvez de jouer et – pourquoi pas ? – de rencontrer l'amour de votre vie sur les planches, n'hésitez pas à vous inscrire dans un cours de théâtre. Le cours Simon, créé en 1925, est la plus ancienne école privée d'art dramatique en France et l'une des plus prestigieuses. Plusieurs générations d'acteurs légendaires sont passées par là avant de connaître la gloire : Michel Serrault, Louis de Funès, Michèle Morgan, Gérard Philippe… Plutôt tourné vers les comédiens professionnels, le cours Simon ouvre quelques classes aux amateurs, sans audition préalable. Vous y aborderez la technique théâtrale avec travail respiratoire et expression orale – timbre de la voix, diction, articulation – ainsi que le jeu de scène sur des textes de grands auteurs classiques et modernes. Vous développerez peu à peu votre concentration, votre imagination, votre sensibilité et votre aisance corporelle, autant de qualités indispensables à l'acteur… et à la séductrice ! Petit plus : sans rendez-vous, vous pouvez assister gratuitement à un cours avant de vous inscrire.

> *« Un jour, en rentrant chez moi après le travail, j'ai senti comme un grand vide. Je n'avais pas de petit copain, peu d'amis, car j'étais depuis peu sur Paris et je n'avais aucune activité en dehors du boulot et des courses. J'ai compris que si je continuais comme ça, c'était la déprime assurée. Alors je me suis inscrite à un cours de théâtre, comme ça, pour voir. Au début, j'étais un peu timide, d'autant que je n'en avais jamais fait. Mais au bout de quelques séances, j'ai commencé à me sentir à l'aise et les exercices d'improvisations, avec fous rires à la clef, ont terminé de souder notre groupe. Non seulement je me suis fait une bande d'amis qui partagent la même passion que moi, mais j'ai aussi rencontré mon copain, avec qui je suis depuis plus d'un an. Aujourd'hui, je ne sais pas comment j'ai fait pour me passer des cours de théâtre avant ! D'une certaine façon, cela a vraiment changé ma vie. »*
>
> SOPHIE, 28 ANS

Le Samovar

165, avenue Pasteur • 93170 Bagnolet • M° Mairie-des-Lilas Tél. 01 43 60 98 08 • www.lesamovar.net • Cours de clown tous niveaux : mardis et mercredis soirs • Cotisation : de 740 € à 970 € en fonction du nombre de séances • Cotisation annuelle forfaitaire : 35 €

Faire son cirque. Malgré les apparences, faire le clown est une chose très subtile. Il s'agit de créer un personnage qui exprime librement notre fantaisie, nos petites folies, notre fragilité et nos gros défauts... Soit tout ce que l'on a tendance à vouloir cacher dans sa vie sociale, mais qui fait aussi toute la saveur de notre personnalité. Le Samovar est une école "pour les clowns, les burlesques et les excentriques" entièrement dédiée à l'art de faire le clown "sérieusement". Si elle propose une formation pour comédiens professionnels, elle ouvre aussi ses portes aux amateurs pour deux ateliers hebdomadaires tout au long de l'année. Les exercices d'improvisation permettent d'apprendre à découvrir son propre imaginaire tout en étant attentif aux réactions du public. Peu à peu, on fait naître "son" clown : un exercice libérateur et jubilatoire qui rapproche très vite les participants.

... un Jules gourmet

L'Atelier des chefs

www.atelierdeschefs.fr • Cours de cuisine L'en-cas, 30 min : 15 € ; 1h : 36 € ; 1h30 : 54 € ; 2h : 72 € • Ateliers Graine de chefs pour enfants : 1 h 30 : 36 €

Miam ! Vous êtes gourmande et vous rêver d'un Jules qui vous prépare de bons petits plats avec amour ? Faites un tour à l'Atelier des chefs ! Vous serez sûre d'y rencontrer des hommes que la cuisine intéresse, ce qui est déjà un bon point. Les cours de cuisine sont animés par des chefs professionnels dans une ambiance conviviale et dans des locaux confortables. Quant aux recettes proposées, elles sont très variées. Vous pourrez explorer entre autres l'art de cuisiner les légumes de saison, les macarons, les plats exotiques, la préparation d'un cocktail dînatoire, ou expérimenter différentes recettes succulentes de cuisine allégée... En fin d'atelier, vient le moment de la dégustation. Un grand plaisir à partager avec vos camarades toqués du jour ! Et pour les plus débordées, la formule de L'en-cas s'avère idéale. Ce cours de 30 min faisable pendant la pause déjeuner est guidé par un chef. Vous y cuisinerez un repas sain et savoureux à déguster sur place juste après, tous ensemble. Original comme lieu de rencontre, non ? Quoiqu'il arrive, c'est plus sympa que le sandwich avalé, seule devant l'ordi et plus original que le steak frites au restaurant d'en face !

Atelier cuisine attitude

10, cité Dupetit-Thouars, 3e • M° République • Tél. 01 49 96 00 50
www.cuisineattitude.com • Cours de cuisine de 2h (2 recettes) : 80 €
3h (3 recettes) : 100 € • Cours de pâtisserie de 3h : 90 €

Comme dans Top chef ! Ce cours de cuisine plutôt dans le vent a été créé par Cyril Lignac, le plus médiatisé des jeunes chefs français. Vous aurez des chances de croiser à ce cours de vrais cordons-bleus amateurs sous la verrière de la très belle cuisine high-tech de l'atelier. Du mardi au samedi, vous apprendrez ensemble des recettes savoureuses et faciles à réaliser, avec 3 thèmes au choix : cuisine du marché, cuisine du monde ou pâtisserie. Et vous pétrirez ensemble la pâte pendant des heures... Romantique, non ? Petite précision : celles qui viendraient uniquement pour rencontrer le délicieux Lignac seront déçues : il ne fait cours lui-même que sur demande expresse... et pour plus cher. Petit plus pour se consoler : les lève-tôt seront accueillis avec un petit-déjeuner sur mesure avant le cours du matin !

Et aussi...

Atelier des sens

Tél. 01 40 21 08 50 • http://www.atelier-des-sens.com
Cours de cuisine Gourmet pressé, 1h : 34 € ; 2h : 65 € ; 3h : 90 € ;
4h : 120 € (Tarifs réduits pour les abonnés)
Abonnement 5h : 140 € ; 20h : 500 €

Cours de cuisine française et du monde en français et en anglais, cours de pâtisserie et cours de photo culinaire...

École du vin

48, rue Baron-le-Roy, 12e • M° Cour-Saint-Émilion • Tél. 01 43 41 33 94 www.ecole-du-vin.fr • L'art de la dégustation (5 vins testés en 2h30) : 59 € • L'expérience des grands crus (5 vins testés en 2 h 30) : 118 € Journée d'initiation (10 vins testés en 5h) : 118 €

Tout sur le vin. Les connaisseurs distingués qui savent goûter le vin en faisant tourner délicatement leur verre, la narine experte, vous font chavirer, mais face à eux, vous restez muette car, en dépit de votre intérêt, il faut bien l'avouer, vous n'y connaissez rien. Si le vin fait entièrement partie de la culture française, savoir le déguster ne s'apprend pas à l'école. Ou plutôt si : à l'École du Vin, à deux pas des anciens chais de Bercy, jadis lieu de transit de toute la production viticole hexagonale. Ici, amateurs et professionnels reçoivent l'enseignement de professeurs diplômés, experts en œnologie. Le cours le plus généraliste, "L'art de la dégustation", fait le point sur les bases des critères d'appréciation du vin : sa "robe" et ses qualités olfactives et gustatives. Pour s'exercer, on tente de découvrir quels arômes de fruits, de fleurs ou d'épices se cachent derrière des fioles de senteurs numérotées. Un moment qui peut être propice aux rires et aux échanges complices entre les stagiaires... Ensuite vient la fameuse étape de la dégustation, où il vous est demandé de noter toutes vos sensations dans un carnet. Oserez-vous le montrer au beau quadra poivre et sel qui vous fixe de l'autre côté de la table ?

Musée du Vin

5, square Charles-Dickens/rue des Eaux, 16ᵉ • M° Passy
Tél. 01 45 25 63 26 • www.museeduvinparis.com
Cours de dégustation (5 vins testés, 2h) : 59 € • Parcours initiatique de 6 cours : 330 €

Dégustations underground. Apprendre l'œnologie avec des experts et déguster de bons vins dans des caves datant du Moyen-Âge, c'est l'expérience originale que propose le Musée du Vin à tous les amateurs et curieux. Dans 4 salles voûtées appartenant autrefois au Couvent de Passy, des dégustations sont organisées en soirée la semaine et en journée le samedi. Au programme, un cours d'initiation avec des jeux à l'aveugle pour reconnaître senteurs et arômes, et affiner son appréciation du vin, ainsi que des cours spécifiques sur les vignobles français et étrangers, les appellations ou les accords mets-vins. Un pur plaisir pour le corps et l'esprit à partager avec d'autres passionnés.

ET SI VOUS DÎNIEZ AU MUSÉE DU VIN ?

Bousculez vos habitudes du samedi soir en combinant originalité, bon goût et convivialité : réservez un dîner au Musée du Vin. Deux samedis par mois, des "dîners découverte" sont organisés dans ses caves selon deux formules au choix : soit un dîner avec entrée, plat, dessert accompagné de 2 ou 3 vins, soit une dégustation de 5 vins et 15 fromages ! Vous serez installés en grandes tablées chaleureuses autour desquelles vous pourrez échanger vos impressions de dégustation avec vos voisins. Pour l'aspect pédagogique : chaque vin est commenté par un expert au cours du repas. Une soirée agréable et un ravissement pour les papilles.

Tél. 01 45 25 63 26 • Dîner découverte : 59 €
Inscriptions sur www.museeduvinparis.com ou par téléphone

Partagez vos sorties

Activ'et compagnie

Tél. 01 60 71 54 61 • www.activetcompagnie.com
Cotisation annuelle : 720 € • Sorties : 28 € en moyenne

On sort ? Créé en 1999, ce club assez sélectif par le prix, compte environ 270 adhérents. L'âge moyen est de 45 ans avec un tiers de 25-40 ans. Il propose une trentaine de sorties par trimestre dans tous les domaines : dîners, concerts, visites guidées...

Dailyfriends et Onvasortir

www.dailyfriends.com et www.onvasortir.com

Sites gratuits. On va sortir ! regroupe plus de 180 000 membres à Paris et sur Dailyfriends chacun peut proposer des idées de sorties dans tous les domaines et s'inscrire à celles programmées par les autres membres du site. Au menu : visites guidées, cours de danse – "apprendre à danser la kizomba", pourquoi pas ? – ciné, expos, soirées dansantes, footing, apéros, concerts, conférences... Il y en a pour tous les goûts ! On peut aussi affiner sa recherche de sorties en fonction de ses critères professionnels ou de son mode de vie : choisir par exemple de sortir avec des fans de nouvelles technologies uniquement, des motards, des amateurs de pâtes ou des hispanophones. Une façon moderne et facile d'élargir son cercle d'amis, sans prise de tête. Seule condition : être ouvert aux autres.

Les soirées d'Annie

Tél. 01 40 46 94 03 et 06 16 39 04 64 • http://soireesdannie.com
Cotisation annuelle : 390 € • Sorties : de 10 € à 70 € max pour le dîner gastronomique + soirée dansante tout compris

Experte ès célibataires. Comédienne de formation, la très dynamique Annie Jolec organise régulièrement des dîners depuis 2003, soirées, brunchs et autres sorties variées pour les membres de son club. Aujourd'hui, celui-ci compte près de 1 200 adhérents de 25 à 65 ans, (la moyenne d'âge est d'environ 45 ans). Son succès repose sur la proximité entre Annie et ses adhérents, qu'elle a tous rencontrés individuellement avant de leur proposer des sorties. Les membres sont sélectionnés selon leur présentation, leur éducation et leur motivation. "Je reçois souvent des personnes déçues par les sites Internet. Ils en ont assez des mensonges en tous genres et veulent de vraies rencontres." Contrairement au virtuel des sites de rencontres, ici, c'est du concret : on sort, on discute, on échange. Et, à la différence des sites gratuits cités plus haut, les soirées d'Annie sont véritablement organisées et accompagnées. En amont, la maîtresse de cérémonie veille à ce que la parité soit quasi parfaite, quitte à relancer par téléphone certains membres. Pendant la soirée, Annie est présente avec ses assistantes pour mettre à l'aise la cinquantaine de participants et rompre si nécessaire. Elle organise aussi des "dîners datings" avec seulement 8 femmes et 8 hommes, pour plus d'intimité. Les lendemains de fête, Annie est encore là pour rassurer par téléphone ceux qui ont besoin de conseils pour se sentir plus à l'aise et être plus efficaces dans leur approche de séduction. Les soirées d'Annie ont donc un côté chaleureux et humain plutôt agréable. Seul inconvénient, cela se paie relativement cher.

Et aussi...

Spycee

www.spycee.com

Ce site mise sur l'efficacité et l'aspect pratique en organisant directement des sorties avec les prix indiqués et parfois des réductions pour les premiers inscrits. Les membres du site s'inscrivent jusqu'à former un groupe au nombre de personnes suffisant pour que la sortie soit confirmée. Super-pratique et rapide, ce qui évite de passer trop de temps devant son écran.

5

À l'assaut des sites de rencontres !

Il y a quelques années, il fallait encore une bonne dose de courage – surtout en tant que femme – pour oser parler en public de ses soirées passées derrière un écran à envoyer des messages à des inconnus. On jugeait ces pionnières pas très nettes, trop légères ou – dans un autre genre – vraiment pas douées pour la séduction dans la *vraie vie*. Qui plus est, elles étaient de l'avis général la proie idéale des *serial killers*... Aujourd'hui, tout ou presque a changé. Ces préjugés sont passés de mode et draguer sur Internet s'est transformé en une activité banale, totalement décomplexée, pratiquée par Monsieur et Madame Tout-le-monde. Et pour cause, les sites de rencontres constituent un outil idéal pour démultiplier ses chances de rencontres, en donnant la possibilité d'être en contact avec des millions d'inscrits.

DES CHIFFRES ET DES SITES

→ En 2012, 40 % des Français déclarent qu'ils seraient prêts à s'inscrire sur un site de rencontres s'ils étaient célibataires, contre seulement 14 % en 2004.

→ 27 % des hommes et 22 % des femmes déclarent être inscrits ou avoir été inscrits un jour sur un site de rencontres. La majorité d'entre eux a entre 25 et 34 ans.

→ 53 % des membres ou ex-membres d'un site de rencontres déclarent avoir eu une relation avec au moins 1 personne grâce à ce site. Parmi eux, 68 % disent avoir eu une aventure, 66 % une histoire d'amour et 42 % avoir cohabité sous le même toit ; 13 % déclarent s'être mariés et 11 % avoir eu des enfants.

→ Parmi ceux qui disent avoir eu une simple aventure suite à une inscription sur un site, 78 % sont des hommes et 57 % sont des femmes.

Source : sondage réalisé par IFOP pour le magazine Femme actuelle *en janvier 2012, auprès d'un échantillon de 2 500 personnes représentatif de la population, de 18 ans et plus.*

Internet a donc la force du nombre, mais est-ce vraiment si efficace pour nouer une vraie relation amoureuse ? Difficile d'obtenir des chiffres précis, d'autant que les sites ont tendance à enjoliver la réalité à leur avantage, ce que l'on sait, c'est qu'autour de nous, on a toutes au moins une copine ou une connaissance qui a rencontré son Jules sur Internet. On en connaît aussi pas mal qui ont accumulé les mauvais plans sur la toile et se sont vite lassées de cette activité. La question aujourd'hui n'est donc plus de savoir si draguer sur Internet est bien, mais si ça marche vraiment. Aucun site ne peut vous garantir à 100 % l'amour en quelques clics, mais certains sont potentiellement plus efficaces que d'autres. Alors comment faire le tri dans l'offre des sites et cibler votre recherche et éviter les mauvaises surprises ?
Il serait difficile, voire impossible, de présenter tous les sites de rencontres tant ils sont nombreux, mais un petit tour des plus connus permet déjà de se faire une idée. Sans oublier les plus petits. Vous avez l'embarras du choix.

Les points positifs des sites de rencontres...

→ Un moyen simple de se mettre en contact avec de très nombreux célibataires à toute heure du jour (comprendre au boulot), et de la nuit (c'est-à-dire en pyjama, un œil sur la télé).
→ Cela rassure les obsédés du rendement, très nombreux à notre époque productiviste, en permettant une sélection des "prospects" selon des critères précis.
→ C'est bon pour votre ego, car une nouvelle inscription féminine est en général suivie d'une déferlante de messages masculins. Attention ne rêvez pas : s'il y a plus de mecs inscrits sur la Toile, ils ne le sont que rarement pour rencontrer la mère de leurs futurs enfants...
→ L'écrit permet de bien réfléchir à ce que l'on veut dire avant de le dire, ce qui peut sauver de nombreuses gaffes que l'on peut faire lors d'un premier contact spontané.
→ Internet permet aux timides de se désinhiber et d'oser aborder des personnes dans un premier temps grâce à l'anonymat et à la protection de l'écran.

→ C'est plus économique que les anciennes agences matrimoniales ou les clubs de loisirs. Et en période de crise, ma bonne dame...

... et les points négatifs

→ Internet a tendance à renforcer les a priori, source de tous les blocages et conduites d'échec à répétition. On sélectionne beaucoup en fonction de la photo ou de la façon de s'exprimer par écrit, l'orthographe, etc. Et comme ça, on peut facilement passer à côté de ce petit blond qui ne paie pas de mine sur la photo, mais qui dans la vraie vie a des attentions délicates et des fossettes irrésistibles, quand il rit aux éclats.

→ Sur Internet, il n'existe ni la magie ni le charme des rencontres dues au hasard de la vie. On est là pour ça et tout le monde le sait. Dans ce contexte, il est parfois difficile de jouer sur la carte du mystère et de la poésie...

→ La vulgarité des propos de certains et les avances sexuelles plutôt directes sont assez courantes sur les sites de rencontres.

→ Avec l'anonymat des pseudos et la sensation de liberté que donne la communication par écran interposé, de nombreux hommes mentent allègrement, notamment sur leur statut conjugal ou leurs véritables intentions, à savoir une simple aventure d'un soir. On s'expose donc à de nombreuses déceptions, il faut donc être prudente et ne pas s'emballer trop vite.

4 millions de potes virtuels, et moi et moi et moi...

Copain d'avant

www.copaindavant.linternaute.com

Vous vous souvenez de Julien en classe de 5e qui vous volait régulièrement vos gommes et vous faisait mourir de rire en imitant Mme Binet, la prof de maths ? Et Oscar en CE1, trop mignon, qui vous faisait des bisous sur la joue à la récré ? Vous aimeriez savoir ce qu'ils sont devenus ? Pas besoin de faire appel à un détective privé pour les retrouver, une petite recherche sur le site Copains d'avant suffira à reprendre contact en quelques clics. En effet, avec ses 13 millions de membres, il s'agit du deuxième réseau social en France derrière Facebook. Sur le site, vous pourrez faire une recherche par nom ou par établissement scolaire et accéder aux 2 millions et demi de photos de classes avec les noms des personnes présentes dessus... et toutes vos années de jeunesse vous reviendront d'un coup ! Au-delà du plaisir nostalgique, c'est l'occasion de faire du neuf avec du vieux, ou plutôt de se faire de nouveaux amis avec des anciens. Et qui sait, Julien le petit farceur est peut-être devenu le bel homme grand, fin, cultivé et attentionné dont vous rêvez depuis toujours ?

Facebook

www.facebook.com

À l'ère de Facebook, se faire des contacts est quand même beaucoup plus simple qu'à l'époque du téléphone à cadran. Surtout après une soirée géniale où vous avez discuté avec un beau brun qui vous a tapé dans l'œil, mais qui est parti trop rapidement sans vous laisser son numéro de téléphone. Il suffit le lendemain de vous renseigner sur son nom auprès de l'organisateur de la soirée pour avoir de bonnes chances de le retrouver sur le 1er réseau social de la Toile. Ensuite, vous lui demandez simplement de vous ajouter en "ami". Attention, vérifiez bien la mention "situation amoureuse" avant : au choix "célibataire" ou éventuellement "c'est compliqué" peuvent convenir... Après cette première étape, à vous de trouver un prétexte pour ne pas en rester là. Jouez sur les liens qui vous unissent, parfois sans le savoir : vos amis en commun, un endroit où vous vous êtes croisés dernièrement, un sport préféré affiché sur son profil que vous pratiquez également, un événement auquel vous êtes tous les deux allés… ou la date de son anniversaire !

Viadeo et Linkedin

www.viadeo.com et www.linkedin.com

Si, par malchance, la personne que vous venez de rencontrer n'est pas sur Facebook, il vous reste aussi Viadeo.com et Linkedin.com, plus axés sur les réseaux professionnels, mais sur lesquels de très nombreuses personnes sont également inscrites.

Banc d'essai

Adopte un mec

www.adopteunmec.com • Gratuit pour les femmes

Concept révolutionnaire. Ici, les femmes font le premier pas ! Dans ce grand supermarché de mecs en ligne, on peut en effet établir sa liste de courses et "entrer dans la boutique" pour "accéder au stock" en mettant dans son panier des "produits régionaux", des tatoués, des moustachus… avec des offres spéciales : "liquidation totale des frisés", "1 moustachu mis en panier = un barbu offert", "offre spéciale ours", etc. La livraison rapide est garantie, ou presque. Les hommes, de leur côté, augmentent leur "côte" lorsqu'ils sont dans les paniers des filles !

Les plus :

- Les hommes ne peuvent pas vous écrire tant que vous ne les avez pas placés dans votre "panier", ce qui évite de recevoir des centaines de mails dès votre inscription et de perdre du temps à lire les messages de ceux qui ne vous intéressent pas, comme sur les autres sites. La cliente est reine et ça fait du bien de pouvoir tout décider pour une fois !
- Le site est plein d'humour, bien conçu et sans prise de tête.
- C'est entièrement gratuit pour les filles.

Les moins :

- Le concept un brin frivole cible plutôt un public très jeune de 20-30 ans. Donc si vous avez 35-40 ans et que vous recherchez l'homme de votre vie, vous risquez de perdre votre temps.
- La réalité des pratiques, pas si originales : dans les faits, ce sont quand même les hommes qui font le plus souvent le premier pas en envoyant des "charmes", des petits symboles qu'ils achètent en ligne pour attirer l'attention des femmes qui leur plaisent... Du coup, les règles du jeu sont un peu faussées. Reste à voir si cela nous gêne tant que ça finalement... !
- Le côté pas du tout romantique du vocabulaire de supermarché ou encore de l'entreprise. Il y a même une catégorie "relations recherchées" avec l'option "en CDD" ou "en CDI"...

> *« Je ne stresse pas vraiment pour rencontrer l'homme de ma vie. Ce sont mes amies qui angoissent à ma place ! Elles m'ont incitée à essayer Internet en me disant "vas-y, ça va te détendre, c'est marrant...". Alors, j'ai essayé "Adopte un mec" et le premier profil compatible qui s'est affiché sur ma page était celui... de mon ex ! Ça m'a pas vraiment détendue... Le pire, c'est qu'il m'a demandé si je pouvais le laisser dans mon panier pour augmenter sa cote ! J'ai vu aussi le profil d'une connaissance, un homme marié à une amie d'amie : intéressant ! Conclusion : je me suis dit que pour l'anonymat des sites de rencontres, on repassera. Finalement, j'ai rencontré un mec super-sympa. On s'est donné rendez-vous, c'était très bien, mais il ne s'est rien passé et au final on est juste restés amis. Comme beaucoup d'autres personnes, il était inscrit, mais ne cherchait pas vraiment quelqu'un, car il venait de rompre. D'ailleurs, il s'est remis avec son ex depuis. Beaucoup oublient de retirer leurs fiches alors qu'ils sont en couple. Si j'ai un conseil à donner pour ne pas perdre son temps sur les sites de rencontres, c'est de regarder seulement les profils de ceux qui se connectent régulièrement. »*
>
> MARIE, 23 ANS

Attractive World

www.attractiveworld.net • Abonnement 1 an : 23,90 €/ mois ; 6 mois : 29,90 €/mois ; 3 mois : 39,90 €/mois ; 1 mois : 59,90 €

Patte blanche. Le site qui se dit à destination des "célibataires exigeants" a pour spécialité la sélection à l'entrée. Après avoir rempli son profil (avec photo obligatoire), votre compte n'est validé qu'après le vote d'un nombre suffisant d'utilisateurs en votre faveur. C'est un principe de cooptation par les membres du site, en fonction des critères qu'ils recherchent le plus.

Les plus

- Le principe de sélection par vote des membres pour son profil suppose logiquement qu'une fois passée cette étape, on est sûre de plaire au moins à quelques membres du site.
- Si vos critères sont très précis et plutôt orientés sur le physique, la jeunesse et la position sociale, vous avez des chances de trouver chaussure à votre pied et homme à votre bras. C'est discriminant, mais c'est assumé et sans surprise, vu le nom du site.
- Des sorties sont régulièrement proposées pour réunir les membres du site

Les moins :

- Exemple de caractéristiques qui peuvent peut-être vous aider à être sélectionnée : blonde, yeux bleus, 30 ans, directrice marketing, fan de golf. Vous avez les yeux marron et 53 ans ? Alors oubliez ce site pas très ouvert, donc.
- Si vous êtes un peu rebelle et que vous aimez les univers décloisonnés, hors des sentiers battus, ce site n'est pas fait pour vous.
- Site payant pour les hommes comme pour les femmes.

CelibParis

www.celibparis.com • Gratuit pour les femmes

Spécial Parisiens. Comme son nom l'indique, le site permet une recherche localisée sur Paris et la région parisienne. Pour se faire connaître et augmenter le nombre de profils disponibles, CelibParis a lancé une campagne d'affichage massive dans le métro parisien ainsi que dans les journaux gratuits et sur Internet. Du coup, ce site récent est déjà relativement connu et revendique 70 000 inscrits. À l'origine, une publicité pour le site était illustrée par le témoignage "J'ai découvert mon voisin sur CelibParis". Proximité affichée donc, pour un objectif commun à tous les sites ou presque : faire "des rencontres rapides et sérieuses".

Les plus :

- On ne perd pas son temps à répondre aux messages enflammés de célibataires du Pas-de-Calais ou de Midi-Pyrénées.
- La gratuité pour nous, les femmes.

Les moins :

- La limitation géographique est un point négatif dès lors que notre priorité est avant tout de rencontrer l'âme sœur, où qu'elle soit.
- La photo n'est pas obligatoire (même si elle est fortement recommandée).
- Le site reste récent et moins connu que les autres malgré la publicité massive, il y a donc un petit peu moins de profils disponibles.

Droite rencontre, gauche rencontre et écolo rencontre

www.gauche-rencontre.com
www.droite-rencontre.com
www.ecolorencontre.com

Politique. Idéal pour ceux qui n'ont pas peur de parler politique en couple et qui veulent d'emblée être sûrs de ne pas se disputer le jour des élections ou devant un débat télévisé… À part ça, les fiches des profils ne rentrent pas trop dans les détails et on n'a pas besoin d'indiquer son parti préféré, si l'on possède la carte du PS ou de l'UMP et/ou la dernière manif à laquelle on a participé. La présentation reste celle d'un site de rencontres traditionnel, la couleur politique en plus. Mais forcément, les personnes inscrites sur ce type de site sont plus engagées que celles qui s'inscrivent sur les sites généralistes. Donc si vous ne votez pas aux élections et que la politique vous passe par-dessus la tête, ne faites pas le détour. Sinon, gauche, droite ou écolo : il y en a pour toutes les sensibilités ou presque !

Happy Few Concept

www.happyfewconcept.com • Inscription gratuite, puis abonnement pour contacter les autres membres.

Grandes écoles. Un site uniquement ouvert aux diplômés des grandes écoles et aux professions libérales. Attention : pas la peine de tricher, ils vérifient ! Une fois qu'on a passé la barrière du diplôme, on peut s'inscrire à des sorties plutôt raffinées avec les autres membres : cours de tennis, golf, afterworks, expos, dégustations de vins… Un concept élitiste qui séduira surtout ceux qui ne conçoivent pas l'amour hors de leur milieu socioculturel. Pas de hasard ici, tout est sous contrôle.

Inchallah, Theotokos, Jdate

www.inchallah.com (musulmans)
www.theotokos.fr (catholiques)
www.jdate.fr (juifs)

Religieux. Contrairement à d'autres sites plus généralistes, l'appartenance à une religion fait partie des questions auxquelles on doit répondre pour remplir son profil sur ces sites spécialisés.

Il est aussi parfois demandé des détails sur le fait d'être pratiquant ou non et si oui, sur le degré de pratique, sur les fêtes religieuses célébrées, etc. Ces sites insistent notamment sur les valeurs du mariage et ont pour objectif de mettre en contact des personnes qui souhaitent se marier religieusement. Pour le reste, ils proposent les mêmes fonctionnalités que les sites classiques : profils, photos, mails, tchat...

Marmitelove

www.marmitelove.com

Pour les gourmets. Avis aux "cœurs d'artichauts et cœurs solitaires, en quête du coup de food" : ce site vous est entièrement dédié. Ici, vous pourrez créer votre profil en indiquant vos préférences culinaires : plutôt épicé, bio, nouvelle cuisine, gastronomie du terroir... Vous y indiquerez aussi vos vins préférés. De quoi séduire les gourmets célibataires pour qui la cuisine est une priorité, même en amour. Et prévoir de se mitonner des petits dîners aux chandelles mémorables.

Meetic

www.meetic.fr • Inscription gratuite, puis abonnement payant pour envoyer des mails et utiliser le tchat • Pass 1 mois : 34,90 € ; 3 mois : 19,90 €/ mois ; 6 mois : 14,90 €/mois

On ne le présente plus. Qui n'a pas entendu parler de Meetic ? Difficile d'échapper à cette vague géante qui a déferlé sur l'océan des célibataires ! Créé en 2001, le site a connu un succès toujours grandissant, se forgeant la réputation de numéro 1 en Europe. C'est aujourd'hui le 4e réseau social le plus connu en France derrière Facebook, Youtube et Copains d'avant.

Les plus :

- Vous avez à votre disposition la plus grosse base de données de célibataires sur Internet, donc beaucoup de choix !
- L'inscription est rapide et facile.
- La possibilité de s'inscrire sur Meetic affinity, un service qui sélectionne les profils qui vous correspondent le mieux en établissant des "pourcentages de compatibilité". Celui-ci est établi d'après un questionnaire de personnalité préalablement rempli. Un petit côté laboratoire à essayer...

Les moins :

- Le prix : l'inscription est gratuite, mais on ne peut rien faire sans souscrire à l'abonnement payant, même pas envoyer un mail !
- Le côté usine : comme c'est le site le plus connu, on trouve de tout, sans grande sélection (mais rien bien sûr qui ne porte atteinte à la morale et à la pudeur, n'est toléré).

ADIEU LE TOUT-VIRTUEL !

Oubliées, les longues heures passées à scruter des photos floues de célibataires sur votre écran d'ordinateur ! Fini, les rendez-vous décevants avec des prétendants moins parfaits qu'ils ne voulaient le faire croire sur Internet... Meetic a récemment décidé de relancer une recette éprouvée : les soirées de rencontres de célibataires "pour de vrai" dans un bar. Mettant à profit sa base de données fourmillant de détails sur les goûts et hobbies des uns et des autres, Meetic sélectionne des invités qui ont toutes les chances de se trouver des affinités. Pour une atmosphère encore plus naturelle, chacun peut venir accompagné d'amis non-membres, et le bar n'est pas privatisé. Une cinquantaine de soirées sont organisées tous les mois dans plus de 30 grandes villes de France.

Inscriptions et renseignement sur www.meetic.fr

Points communs

www.pointscommuns.com • Site payant pour utiliser les mails et le tchat

Pour les cultivés. Un site de rencontres par affinités pour ceux qui aiment commencer par parler de leurs films et bouquins préférés plutôt que de livrer immédiatement leur vison de l'amour, du couple et du nombre d'enfants idéal, comme on le demande souvent sur les autres sites. Le concept du site ravira aussi celles qui en ont assez de la drague ultra-directe, avec des propos parfois un peu trop sous de la ceinture. Ce site permet aux célibataires cultivés d'échanger autour de leurs passions et de loisirs culturels pour développer tranquillement une complicité avec des personnes qui ont les mêmes affinités intellectuelles. Cela permet de faire tout de suite une sélection afin d'éviter certaines mauvaises surprises, à l'heure du premier rendez-vous, du genre Abbas Kiarostami ? Connaît pas ! Mais j'ai adoré le dernier *Harry Potter* !

Rencontre végétarien

www.rencontrevegetarien.com

Unis contre la viande. Pour les végétariennes et végétaliennes célibataires qui veulent être sûr(e)s de pouvoir partager la même nourriture que l'élu(e) de leur cœur. C'est vraiment le site le plus précis dans le genre : vous pouvez même renseigner si vous êtes ovo végétarien, régime macrobiotique, végétalien... Ultra-spécialisé, à conseiller seulement pour les personnes concernées.

Wishide

www.wishide.com • Disponible en application sur smartphone

Risque zéro. Un bon plan pour déclarer sa flamme à celui qui nous plaît, sans jamais se griller. Il s'agit dans un premier temps d'envoyer un mail avec les coordonnées du garçon pour lequel on craque en secret. Certes, cela suppose d'avoir le numéro de téléphone ou le mail, ce qui n'est pas toujours évident. Un message lui sera alors envoyé, lui révélant que quelqu'un flashe sur lui... L'heureux élu aura une chance de savoir de qui il s'agit uniquement s'il accepte de jouer le jeu en envoyant à son tour les coordonnées d'une personne pour qui son cœur balance. C'est vous ? bingo ! Vous serez tout de suite prévenue. OK, c'est un peu tordu, mais au moins, avec ce système, on est sûre de ne pas se prendre ce qu'on appelle joliment un râteau...

“Les sites Internet, franchement, c’est pas trop mon truc. D’abord, le langage SMS et les échanges du genre “donne 3 adjectifs pour te qualifier”, je ne trouve pas ça très excitant. Ni les invitations du style : “Je suis en train de manger une paella, c’est très chaud, viens me rejoindre”... Je n’arrive pas à communiquer par clavier interposé. Après 3 ou 4 longs échanges par tchat, je propose en général d’aller boire un verre, toujours dans un lieu public et en annonçant tout de suite que j’ai quelque chose de prévu après, ce qui évite tout dérapage incontrôlé. Mais ma technique du rendez-vous rapide a ses limites. Je me souviens quand je me suis retrouvée en vrai face à “Tetrapack”, son pseudo sur le site. C’était l’heure de l’apéro et il commande... un crumble avec un verre d’eau. J’échange quelques mots avec lui et il me reprend sur une faute d’accord grammatical... Torride ! En fait,
je n’ai rien contre les sites Internet et j’y ai recours de temps en temps, mais je ne crois pas aux rencontres à partir de critères de recherche. Je préfère flasher sur un homme dans une soirée ou dans un bar et me laisser surprendre.”

JUSTINE, 36 ANS

Soyez efficace

S’inscrire sur un site de rencontres est un premier pas. Mais si vous ne souhaitez pas rester éternellement bloquée dans un nuage de relations virtuelles sans rien de concret, vous devez connaître les règles du jeu. Voici quelques petits conseils pour vous y aider.

Choisissez bien votre pseudo

Règle absolue : ne donnez surtout pas vos véritables noms et prénoms ! N'oubliez pas que ces informations seront accessibles à toute personne se promenant sur la toile. C'est donc une erreur à ne pas commettre pour des raisons évidentes de sécurité et de discrétion. Cela dit, le choix du pseudo est important, car c'est ce charmant petit sobriquet qui fera rêver vos correspondants... ou pas. À éviter : l'autodérision anti-glamour du type "grosseetmoche" ou au contraire le trop prétentieux "supercanon" ou encore "saperlipopette" qui n'évoque rien. Éviter aussi les pseudos trop courants du type "Nathalie27". Trouvez un pseudo qui vous ressemble avec une petite pointe d'originalité... Allez, un petit effort, laissez libre cours à votre imagination !

Réussissez votre présentation

Pour vous inscrire sur un site de rencontres, vous devez écrire quelques mots sur vous-même pour vous présenter et éventuellement pour préciser votre recherche. Là encore, il faut prendre le temps de faire le point sur ce qui vous définit vraiment, sur ce qui fait l'originalité de votre personnalité et sur ce vous souhaitez vraiment comme type de relation.

Soignez votre orthographe

Vous pouvez être une fille formidable par ailleurs, mais sur Internet, tout ce que l'on sait de vous – en dehors de votre photo – passe par l'écrit. Une présentation truffée de fautes fait très mauvais effet et peut carrément vous disqualifier auprès de certains hommes. Cela fait négligé ou inculte, voire les deux. Entre nous, si vous n'êtes pas une as de l'orthographe, il est très facile aujourd'hui de corriger ses fautes en vérifiant sur Internet ou tout simplement grâce à la fonction de correction orthographique de Word. Vive les nouvelles technologies !

■ Faites précis, percutant et court

Mieux vaut 3 phrases qui résument simplement votre personnalité et vos goûts qu'une longue dissertation ennuyeuse sur votre vrai moi. À ce stade initial, il faut être directe, car on ne s'attarde pas à lire de longues fiches de personnes que l'on ne connaît pas.

■ Soyez honnête

Ne cherchez pas à donner une image idéalisée de vous-même pour attirer plus facilement. Si vous mentez, on ne vous croira pas et l'autre sera peut-être déçu. Par ailleurs, petite morale de comptoir pas si inutile à rappeler : ne faites pas aux autres ce que vous n'aimeriez pas que l'on vous fasse ! Un peu de déontologie dans la jungle d'Internet de temps en temps, ça fait du bien.

■ Montrez votre meilleur profil

C'est injuste mais comme dans la "vraie vie", sur Internet, le physique, ça compte. D'autant que vous ne pouvez pas compter sur le charme de votre voix ou la grâce de vos mouvements. Résultat : les profils avec photos sont beaucoup plus consultés que ceux sans photo : c'est sans commune mesure. Il y a même certains sites très sélectifs comme Attractive world où la photo est obligatoire pour s'inscrire. Le choix de votre photo est donc fondamental pour multiplier vos chances. Il ne s'agit pas de tricher en volant une photo de mannequin sur Internet : ça ne sert à rien, vous serez vite découverte. Mais on peut quand même utiliser quelques stratégies simples pour se mettre en valeur. Souriez et mettez un petit haut qui vous va bien, par exemple. Ne forcez pas trop sur le décolleté quand même, car les photos sont modérées par tous les sites et vous pouvez être recalée à la moindre incartade, même la plus minime !
Soignez aussi un minimum la qualité de la photo : évitez les flous artistiques et les gros plans sous une lumière blafarde, prises par vous-même dans un angle improbable. Autre conseil :

ne choisissez pas une photo de groupe. Rappelons que c'est vous qui devez attirer l'attention des internautes, pas votre meilleure amie...

Faites le tri !

On perd beaucoup de temps sur les sites Internet de rencontres, surtout en tant que femme. En effet, on est très vite assaillie par des centaines de messages d'hommes qui prennent contact, surtout pour les nouvelles sur le site avec une photo plutôt réussie. Si vous voulez éviter de perdre de précieuses heures de votre journée à répondre à des mails inutiles et à tchater pour rien, voici quelques petits conseils techniques :

■ Ne soyez pas passive

Même si vous êtes en position de force, avec des dizaines de messages d'hommes qui attendent votre réponse. Si vous commencez à répondre à tous ceux qui vous écrivent sans distinction, vous risquez de perdre beaucoup de temps, sans résultat satisfaisant pour votre recherche. Au contraire, soyez sélective et au besoin, allez vous-même chercher les profils des hommes qui vous intéressent. Dans ce cas, Meetic affinity peut être un bon outil, puisqu'il sélectionne pour vous les profils censés être compatibles avec le vôtre.

■ Ne répondez pas aux messages standards

Ces messages impersonnels, qui ne reprennent ni votre pseudo, ni aucune des mentions que vous avez faites dans votre présentation, sont pour la plupart envoyés par des serials dragueurs du Net qui ne font aucun effort et envoient le même message à 50 filles à la fois pour obtenir un meilleur retour sur investissement. N'oubliez pas que pour les hommes, les sites de rencontres par Internet sont presque toujours payants.

■ Tchatez, mais pas trop

Vous constatez que vous avez les mêmes goûts et le même sens de l'humour et que vraiment, vous vous plaisez bien ? Ne perdez pas trop de temps dans le virtuel. Passez à l'action, c'est quand même le but de l'opération !

ALERTE AUX “DATING ASSISTANT”

Depuis 2011, il existe en France des entreprises qui s'inspirent d'un concept américain pour proposer aux cadres pressés un service sur mesure : des rencontres de célibataires décrochées par l'intermédiaire d'“experts en séduction” sur Internet. Concrètement, après avoir rapidement fait le point avec leur client sur son profil et sa recherche, les dating assistant rédigent un profil en se faisant passer pour lui et tchatent avec des célibataires censé(e)s correspondre à sa recherche jusqu'à décrocher un rendez-vous, garanti par l'entreprise. Une fois cet objectif atteint, un petit résumé des conversations est fait au client et hop, il n'a plus qu'à se rendre au rendez-vous, la bouche en cœur. Zéro temps perdu derrière son écran, zéro effort de conquête par écrit et une personne servie sur un plateau, prête à la consommation, ou presque : quelle rentabilité ! L'autre personne – qui se résume à un simple numéro de téléphone accompagné d'un “mode d'emploi” – n'est bien sûr pas au courant de la supercherie. Une démarche malhonnête et ultra-consumériste qui en dit long sur le commanditaire. Alors, une astuce pour repérer les dating assistant si vous avez un doute : posez beaucoup de questions personnelles, les plus précises possible. Si vous sentez qu'il esquive les réponses ou qu'il a toujours besoin d'un temps plus ou moins long pour vous répondre, il y a des chances pour que vous soyez tombée dans le piège d'un dating assistant. Ne soyez pas le dindon de la farce, laissez tomber tout de suite ! Il y a 20 autres hommes derrière leur écran qui n'attendent qu'un signe de vous pour tenter de vous conquérir, en daignant vous consacrer un peu de leur précieux temps !

■ Manuel de sécurité élémentaire

Voilà, ça y est, vous êtes prête à rencontrer votre Jules virtuel qui va peut-être devenir votre Jules réel. Génial, mais n'oubliez pas quelques règles basiques de sécurité. Même si les cas de détraqués mentaux sont vraiment très minimes, soyez responsable et prévoyante, ne serait-ce que pour votre maman soit rassurée.

- Donnez toujours rendez-vous dans un lieu public, de type café, musée, ciné ou restaurant.
- Prévenez au moins quelqu'un dans votre entourage du jour, heure et lieu du rendez-vous.
- N'hésitez pas à partir sous le moindre prétexte si vous sentez quelque chose de louche chez la personne en face de vous ou si vous vous sentez tout simplement très mal à l'aise. Rappelez-vous toujours que ce rendez-vous ne vous oblige à rien.

Index

Dans la même collection

100 adresses futées pour parents débrouille
100 aventures insolites à Paris
100 sorties cool autour de Paris
100 sorties cool avec les enfants
À chacun son hobby à Paris
Attendre un enfant à Paris
Aux bons produits de Paris
Bien jardiner à Paris
Chic et jolie à petits prix à Paris
Comment devenir une vraie Parisienne
Cours et ateliers d'art à Paris
Découvrir les sciences à Paris
Faire du cheval à Paris
L'art contemporain à Paris
Le jazz à Paris
Le thé à Paris
Les meilleurs bars de Paris
Les meilleurs brunchs de Paris
Les meilleurs massages de Paris
Les meilleurs restos à petits prix
Les mercredis des petits Parisiens
Mes 52 dimanches à Paris
Nuits blanches à Paris
Organiser une fête à Paris
Où s'embrasser à Paris
Où trouver le calme à Paris
Paris (vraiment) gratis
Paris bio
Paris Chocolat
Paris d'occase
Paris de fil en aiguille
Paris de tous les savoirs
Paris Design
Paris Gourmandises
Paris rock
Paris sur le pouce
Paris underground
Paris végétarien
Paris Vintage
Paris World Food
Paris, 100 lieux inattendus
Petits bonheurs parisiens
Petits et grands musées de Paris
SOS Parisiens débordés
SuperMaman à Paris
The Best Places to Kiss in Paris
Tout réparer à Paris
Trouver un Jules à Paris
Un tour à la campagne
Vivre zen à Paris
Week-ends antistress autour de Paris
Week-ends de charme à petits prix

ISBN : 978-2-84096-816-0
Dépôt légal : janvier 2013
Achevé d'imprimer en janvier 2013 dans les ateliers de Sagim, à Nanterre
N° d'impression : 13121
Avec la collaboration de Céladon éditions et Julie Simoens